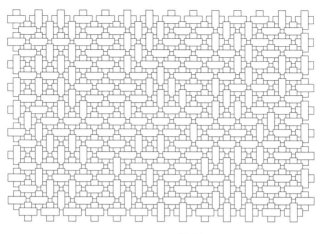

ピストルと荊冠《けいかん》

角岡伸彦

講談社+α文庫
プラスアルファ

宣　　言

全國に散在する吾が特殊部落民よ團結せよ。

長《なが》い間《あひだ》虐《いぢ》められて來《き》た兄弟《きやうだい》よ、過去《くわこ》半世紀間《はんせいきかん》に種々《しゆじゆ》なる方法《はうはふ》と、多《おほ》くの人々《ひとびと》とによつてなされた吾等《われら》の爲《た》めの運動《うんどう》が、何等《なんら》の有難《ありがた》い效果《かうくわ》を齎《もた》らさなかつた事實《じじつ》は、夫等《それら》のすべてが吾々《われわれ》によつて、又《また》他《た》の人々《ひとびと》によつて毎《つね》に人間《にんげん》を冒瀆《ばうとく》されてゐた罰《ばち》であつたのだ。そしてこれ等《ら》の人間《にんげん》を勦《いたは》るかの如《ごと》き運動《うんどう》は、かえつて多《おほ》くの兄弟《きやうだい》を墮落《だらく》させた事《こと》を想《おも》へば、此際吾等《このさいわれら》の中《うち》より人間《にんげん》を尊敬《そんけい》する事《こと》によつて自《みづか》ら解放《かいはう》せんとする者《もの》の集團運動《しうだんうんどう》を起《おこ》せるは、寧《むし》ろ必然《ひつぜん》である。

兄弟《きやうだい》よ、吾々《われわれ》の祖先《そせん》は自由《じいう》、平等《べうどう》の渇仰者《かつがうしや》であり、實行者《じつかうしや》であつた。陋劣《ろうれつ》なる階級政策《かいきふせいさく》の犧牲者《ぎせいしや》であり男《をとこ》らしき産業的殉教者《さんげふてきじゆんけうしや》であつたのだ。ケモノの皮剝《かはは》ぐ報酬《ほうしう》として、生々《なまなま》しき人間《にんげん》の皮《かは》を剝《は》ぎ取《と》られ、ケモノの心臟《しんぞう》を裂《さ》く代價《だいか》として、暖《あたたか》い人間《にんげん》の心臟《しんぞう》を引裂《ひきさ》かれ、そこへ下《くだ》らない嘲笑《てうせう》の唾《つば》まで吐《は》きかけられた呪《のろ》はれの夜《よ》の惡夢《あくむ》のうちにも、なほ誇《ほこ》り得《う》る人間《にんげん》の血《ち》は、涸《か》れずにあつた。そうだ、そして吾々《われわれ》は、この血《ち》を享《う》けて人間《にんげん》が神《かみ》にかわらうとする時代《じだい》にあうたのだ。犧牲者《ぎせいしや》がその烙印《らくいん》を投《な》げ返《かへ》す時《とき》が來《き》たのだ。殉教者《じゆんけうしや》が、その荊冠《けいくわん》を祝福《しゆくふく》される時《とき》が來《き》たのだ。

吾々《われわれ》がエタである事《こと》を誇《ほこ》り得《う》る時《とき》が來《き》たのだ。

吾々《われわれ》は、かならず卑屈《ひくつ》なる言葉《ことば》と怯懦《けふだ》なる行爲《かうゐ》によつて、祖先《そせん》を辱《はづか》しめ、人間《にんげん》を冒瀆《ばうとく》してはならぬ。そうして人《ひと》の世《よ》の冷《つめ》たさが、何《ど》んなに冷《つめ》たいか、人間《にんげん》を勦《いたは》る事《こと》が何《な》んであるかをよく知《し》つてゐる吾々《われわれ》は、心《こゝろ》から人生《じんせい》の熱《ねつ》と光《ひかり》を願《ぐわん》求《く》禮讃《らいさん》するものである。

水平社《すゐへいしや》は、かくして生《うま》れた。

人《ひと》の世《よ》に熱《ねつ》あれ、人間《にんげん》に光《ひかり》あれ。

大正十一年三月　　　　　　　　水平社

ピストルと荊冠◎目次

プロローグ 9

一九七五年五月八日、大阪市立飛鳥解放会館の開館式典で、小西邦彦が挨拶に立った。それは飛鳥地区の解放運動を牽引してきた男にとっての晴れの舞台だった。

第一章 支部長誕生 17

身長百八十センチ、体重百キロの偉丈夫は、武勇伝に事欠かない。被差別部落で生まれ、二十代でヤクザ組織に加わった男は勉強家だった。一九六九年、同対法が施行された年に、小西は部落解放同盟飛鳥支部長となり、活動家のスタートを切る。

第二章 ふたつの顔 53

一九七〇年代、高揚する部落解放運動の中で小西は統率力を発揮し、解放同盟大阪府連幹部に抜擢される。その力は行政からも頼りにされ、様々なトラブルを解決に導く。一方、組から抜けるためとった行動とは――

第三章 銭の花 101

小西は〝同対事業の申し子〟だった。飛鳥地区の開発を手はじめに、公共事業や税金対策などで財を築く。呑み代月一千万円といわれたバブル時代には、三和銀行と組み、貸金業、不動産取引で荒稼ぎする。稼いだ金百億円は、何に使われたのか？

第四章　母の教え　163

一九八〇年代に入り、運動に距離を置き始めた小西は、福祉活動に力を注ぐ。そこには母親と障害をもつ長男の存在があった。「支部長」に福祉法人の「理事長」の肩書が加わる。しかし、暴力団との関係は切れず、抗争の余波で命を狙われる。

第五章　ゆがんだ棺　225

小西への包囲網は狭まっていた。二〇〇六年五月八日逮捕。運動の不祥事が続くなか、予想外の重い判決が下される。反撃すべく、控訴はしたものの、すでにそのとき強靭な肉体はガンに蝕まれていた。

エピローグ　285

人目に触れることがなかった〝遺言ビデオ〟で、小西本人があるメッセージを残していた。長女が語った父の思い出、ドン亡き後の被差別部落は——

あとがき　300

主要参考文献・資料　309

文庫版あとがき　311

ピストルと荊冠《けいかん》

——〈被差別〉と〈暴力〉で大阪を背負った男・小西邦彦

プロローグ

ヘリコプターからの映像が、大阪市北部を流れる淀川の川面を、河口付近から上流へと映し出している。鉄道や国道の鉄橋を次々と越えると、ヘリが左へ旋回し始めた。淀川を横切ると、浄水場や学校、その先には住宅地が見える。

「僕の生まれたところ、こんなとこやったんかー。学校、見えるかなー」

「洋一、ほら、遠くを見てみ。崇禅寺《そうぜんじ》の駅が見えるわ」

大阪市の北端に位置する東淀川区に入った映像に、母子の会話がかぶさる。画面は阪急電鉄崇禅寺駅の一帯をクローズアップしている。

「あ、新幹線走ってる！」

「この工事のために、ポンプの水に下水が混じってしもたんや。お茶わかす水に、ミミズが入ってきたこともあったんや」

「なんで水道なかったん？」

子供のセリフに、急にエコーがかかった。母親は、唐突にナレーター口調になって語り始めた。

「なんで私たちの部落には、長いこと水道さえなかったのか。終戦二十年も経って、おかしいやないかと、やっと立ち上がった私たち。勉強し、行動し、闘い抜いてきたあれからの日々。ほんまに長かった。つらかった。そしてこれが今の飛鳥《あすか》の町です」

画面は、三角・四角形の立方体を組み合わせた奇抜なデザインの建物に近づいていった。

「あ、解放会館や！」

子供がはずんだ声を上げた。

約三十分の記録映画『わが町 飛鳥』は、導入のヘリによる上空撮影のあと、斬新な建物の中でおこなわれている、ある式典のシーンから始まった。

深紅の緞帳《どんちょう》がゆっくりと上がる。舞台正面上には「祝 大阪市立飛鳥解放会館落成」の横書きの看板。その下に二つの旗が並んでいる。澪標《みおつくし》をあらわした大阪市の市旗。そして荊冠《けいかん》のデザインと「部落解放同盟大阪府連合会飛鳥支部」の文字が入った旗である。荊冠とは、イエス・キリストがゴルゴタの丘で磔《はりつけ》にされた際、頭部に巻きつけられていた荊《いばら》をかたどったものである。

式典風景に合わせ、ナレーターの俳優、緒形拳が語り始めた。

「昭和五〇年五月八日、飛鳥解放会館落成。わが町、飛鳥の新しいシンボルが、ここに誕生したのです。飛鳥に生きる私たち一人ひとりが、みんなが、この解放の砦《とりで》を作り上げたのです。この顔の一つひとつが、きょうの主役です」

部落解放運動の象徴である荊冠

一張羅を着込んだ会場の住民たちが映し出される。和服姿の年老いた男女もいる。

大島靖大阪市長（当時）の挨拶に続き、部落解放同盟飛鳥支部の小西邦彦《くにひこ》支部長が登場した。このとき、小西は働き盛りの四十一歳。角刈り頭に上半分が黒ぶちの眼鏡をかけている。紺色のスーツに身を固めた痩身の小西支部長は、一見、インテリ風である。カメラが寄る。射抜くような鋭い目。右頬に数センチの傷がある……。

「この会館は、五十有余年の血と汗でつづられた部落解放運動の成果であり、広く市民と連帯し、交流する場として大きな意義を持つのであります」

小西支部長の声が、四百五十席あるホールに響く。

この人物こそ、四十年近くにわたって部落解放同盟飛鳥支部の支部長を務めた大阪の実力者であった。小西支部長は、奇しくも飛鳥解放会館オープンの日からちょうど三十一年後の二〇〇六年(平成一八)五月八日、自ら理事長を務める財団法人飛鳥会の収益金を横領したなどとして逮捕された。飛鳥会事件である。

若いころに組員となったことからヤクザ社会に通じ、また市行政、警察、税務署、財界に絶大な影響力を持っていた運動団体幹部の逮捕は、連日マスコミで大きく報じられた。逮捕によって小西は長年務めた部落解放同盟支部長の役職を解かれ、その権勢を失う。

飛鳥会事件の発生後も部落解放運動の関係者による不祥事が続き、運動は退潮を余儀なくされた。その意味でも飛鳥会事件は、部落解放運動衰退の幕開きを告げる出来事だった。

小西は懲役六年の有罪判決を受け、控訴したが、事件から一年半後に病歿する。かつての地元の名士は、晩年は愛着ある土地を追われ、あの世に旅立った。

私は生前の小西に、逮捕された二〇〇六年（平成一八）とその翌年の二回、インタビューする機会を得た。合計しても五時間ほどの長くはない対面ではあったが、なかなかの難物だった。

質問し終えないうちにしゃべりだすイラチ（せっかち）で、言いたいことだけを話し、都合の悪い質問には「そんなことええがな」と言葉を濁した。吃音のため、話している内容がよく聞き取れないこともたびたびあった。話はあっちに飛んだり、こっちに飛んだりでとりとめがなく、正直に言って取材者としては一番困るタイプだった。

小西をよく知る誰もが、彼を「わかりやすい人物」と評した。怒りっぽいが、怒鳴り散らした後は尾を引かない。言い過ぎたと思ったときは、翌日「きのう、わし呑み過ぎてたんかな……」と詫びを入れる可愛いところもあった。焼きもちやきで、身内や側近が人からプレゼントや小遣いをもらうと不機嫌になり、返却させることもあった。とびきりのさみしがり屋で、酒好き、女好き。思い込みが激しく、間違った情報でも、いったんインプットされると信じ込んだ。

経営するスナックの店長が、独立して店を開くという噂を聞いた小西は、彼を連れて開店予定の地と聞いた京橋（大阪市都島区）の飲食店を次々と訪れた。何のためにこんなことしてんのやろ？　いぶかる店長に、小西は最後に訪れた店で諭すように言った。

「な、こんなとこで店を開いて、流行ると思うか⁉」

誰かに吹き込まれた開店情報を鵜呑みにし、店長を連れて市場調査を実施した上で、思いとどまらせようとしていたのである。無論、店長が独立することはなかった。

よくも悪くもスケールの大きい人物だった。部落解放運動の闘士として活動する一方、運動団体幹部と組員の立場を利用し、巨万の富を得、また散財した。最盛期には一ヵ月の呑み代は一千万円を下らなかった。一度足を踏み入れた組とは長い間、縁が切れなかった。山口組の内部抗争で、命を狙われたこともあった。慈善活動には積極的で、自ら社会福祉法人を設立し、保育園や特別養護老人ホームを経営し、また知人の福祉活動を支援した。毎晩痛飲しては、障害を持つ息子の将来を憂えていた。晩年まで複数の女性と付き合う艶福家でもあった。稼ぎも遊びも、「善」と「悪」の振れ幅も、人生の「天」から「地」への落差も半端ではなかった。

一九七五年（昭和五〇）に製作された記録映画『わが町 飛鳥』は、大阪市と市教育委員会が全面協力していることもあって、市幹部も画面に登場している。市教委の教育長は「飛鳥支部七年の歩みの中で、わたくしは保育所から子ども会活動と一貫してやってこられた教育活動を高く評価したいと思います」と手放しで讃えている。

大阪市内には部落解放同盟の支部が十二あるが、その中でも飛鳥支部は特別だった。ヘリを飛ばし、有名俳優をナレーターに迎える映画の製作費は、市の予算から出ている。他の支部にこのような記録映画はない。それもこれも小西支部長が、市幹部と特別な関係にあったからである。

小西が組員であることを知っていた行政は、様々なトラブルの解決を彼に委ねた。小西はその見返りに、市にもろもろの便宜をはかってもらっていた。いわば持ちつ持たれつの関係である。同じような手法で、大手都市銀行も手中におさめ、存在感を増していく。

『わが町 飛鳥』には、一九七〇年代半ばの部落解放同盟飛鳥支部の様々な活動が記録されている。小西の福祉活動への思い入れを反映しているのであろう、中でも子供や高齢者に対する取り組みが詳しく紹介されていた。映画のラストシーンで、ナレーターの緒形拳が、飛鳥の子供たちに次のように呼び掛けている。

子供たちよ、すくすくと伸びよ
たくましく、はばたけ
私たちが残せるものは
住宅や施設やお金ではない
人間が人間を尊び
そのことから一歩もひかない精神
そのため、父や母は胸を張って闘い続ける
この、わが町、飛鳥で

それから三十年余り後——。その飛鳥で、運動団体幹部の不正が発覚した。逮捕された小西は、いったい何を残そうとしたのか。貧富と清濁の両極を生きた怪物の正体を追いかけた。

文中、敬称は省略させていただいた。

第一章 支部長誕生

小西邦彦は、屈強な体格と血気にはやる性格の持ち主だった。

彼の足跡をたどって取材をしている中で一番驚いたのは、横綱千代の富士（故・九重親方）を蹴り上げた、という話である。

小西は千代の富士が大関になる前の一九七〇年代から、全面的に支援していた。どのタニマチもそうであるように、小西は千代の富士が所属する九重部屋の飲食代を支払い、幟《のぼり》や化粧まわしなどを寄贈している。宿舎から大阪場所の会場への移動は、小西が所有していた高級外車・リンカーンを運転手つきで提供している。にもかかわらず、というか、であるからこそ事件は起きた。

一九八二年（昭和五七）の大阪場所。小西がいつものように千代の富士を北新地（大阪市北区にあるクラブなどが集まった飲食店街）に連れて行くべく、宿舎を訪れたところが横綱が出てこない。

「横綱を呼べ！」

と厳命したが、お付きの者は「いま、ちょっと手が離せません」と言う。業を煮やした小西が宿舎にずかずか入っていくと、横綱は力士仲間と花札の最中だった。怒り心頭に発した小西は、横綱の髷《まげ》をつかんで蹴り上げた。周囲の者が止めに入り、その場は一応おさまった。以後、小西は千代の富士の後援会活動から一切手を引くことになる。

事実関係を確かめると九重親方は、「そのようなことはあったが、誰にやられたかは覚えていない」と九重部屋の後援会事務所を通してコメントした。

世の中広しと言えど、横綱を蹴り上げた人間は、小西をおいて他にいないのではないか。当時、小西は身長百八十センチ、体重百キロ前後の巨体だったが、相手は名うての力士である。しかも小西はすでに四十代の後半で、けっして若くはない。それが二十代の脂の乗り切った横綱を蹴り上げるのだから尋常ではない。

怖いもの知らずの小西邦彦は、どんな環境で生まれ育ったのか――。

一九三三年（昭和八）、小西は大阪市と京都市のほぼ中間に位置する、大阪府高槻《たかつき》市内の被差別部落（以下、部落とも表記）で生まれた。小西を知るには、彼が部落出身者であるという背景を避けて通ることはできない。部落を知るには、日本の身分制度の歴史を紐解く必要がある。

江戸時代以前の日本は、天皇を頂点に、武士、町人、百姓、賤民（エタ・非人）などの身分によって構成されていた。賤民は、一八七一年（明治四）の賤民廃止令によって制度的にはなくなった。しかし身分制度に対する行政や民衆の意識が、ただちに変化したわけではなかった。

かつての武士身分に属した者やその子孫を士族と呼び続けたように、旧賤民が住む地域を特殊部落、そこの住民を特殊部落民などと呼称し、蔑《さげす》んだ。廃止されたはずの身分制度は、差別を媒介にして現在まで残った。特殊部落は第二次世界大戦後、被差別部落と呼び名を変える。大阪府内には約五十ヵ所があるが、小西はその一つで生を受けた。

長らく部落出身者は、その地で生まれ育ったという理由で、周囲から忌み嫌われた。日常生活の付き合いはもとより、結婚や就職などでも排除されることがあった。

賤民廃止令の公布から半世紀余り後、それらの差別に部落大衆は敢然と立ち上がる。一九二二年（大正一一）に京都で全国水平社が結成されたのである。誰もが差別されることのない水平な社会を目指し、この名が付けられた。「全国に散在する吾が特殊部落民よ団結せよ」で始まり、「人の世に熱あれ、人間に光あれ」で終わる宣言（三ページ参照）は、特殊部落民という賤称語を敢えて使い、部落差別反対の狼煙《のろし》を上げた。暗黒の差別社会をあらわした黒地に、受難と殉教の血を象徴した真っ赤な荊《いばら》が中央に配置されたデザインを水平社の旗（荊冠旗《けいかんき》）とした。イエス・キリストの受難と、部落差別の苦しみを重ね合わせたのである。

「この会館は、五十有余年の血と汗でつづられた部落解放運動の成果であり、広く市民と連帯し、交流する場として大きな意義を持つのであります」

大阪市立飛鳥解放会館の開館式典で、小西が語った「五十有余年」とは、全国水平社の結成から解放会館開館までの歳月であった。

全国水平社は第二次世界大戦後、部落解放全国委員会を経て部落解放同盟と改称される。後に小西が活動家として参加する組織である。

部落差別という社会悪と闘うべく志を同じくする組織が結成される一方で、部落は現在でいうところの反社会的勢力を生んだ。どれだけ学業を積もうが高潔な人格であろうが、あらゆる門戸を閉ざされた部落出身者は、差別社会に暴力で牙をむいた。どんな努力も報われないのなら、腕力や度胸で相手を威嚇し、太く短く生きようとする勢力があらわれるのは、洋の東西を問わない。反社会的勢力は、いわば差別の副産物であった。

誤解を恐れずにいえば、部落は長い間、ヤクザの温床であった。小西の故郷の部落も、そして小西自身も、その例外ではなかった。一部の部落出身者は心の中に、あるいは実際に組に入ってピストルを持ち、社会に銃口を向けた。

小西より八歳上で、同じ地域出身の男性が、ある機関紙に「貧乏に苦しんだ半生」と題して、次のような文章を寄せている。二人の故郷の実態を知る上で貴重な証言なので、以下引用したい。

私は、大正十四年五月八日富田《とんだ》で、七人兄弟の長男として生まれました。家は本当にびんぼうで、なんでこんなに家がびんぼうなんだろうと、いつもかんがえましたがわかりませんでした。

家がびんぼうなため、おふくろも土方にでていました。当時村の者みんな土方でした。そのため小学校をでるとすぐ九州博多に土方としてはたらきにいきました。十八才から兵隊にいくまでは、岡山の倉敷で線路工夫としてはたらきました。そこで兵隊にとられて中支（中国大陸の中部＝引用者註）にいき、中支で終戦をむかえました。

かえってきてから植木の行商で北陸、山陰、下関、関東と全国をわたりあるきました。そのあいだ極道もやりました。三十七年に名古屋から村にかえってきましたが、親父が極道して家を売ったため、アパートぐらしをしていました。

『解放新聞 大阪版』（一九七〇年二月一五日）

父子ともどもの極道経験は、組に入ったのではなく、ぶらぶら遊んでいた、といった意味である。

その後、この男性は部落解放運動に参加し、部落問題を学ぶことによって、自らの立場を自覚するようになる。なぜ、自分たちが差別されるのか、学習するまで当事者たちにもわからなかった。この文章は次のようにしめくくられている。

自分が昔、びんぼうにくるしんだとき、なんでこんなにびんぼうなんやろとかんがえてもわからなかったことも、これが部落差別のためだったんだということもわかるようになりました。（中略）

また、小学校のときは私は一番のゴンタで、一般の子（部落出身ではない子＝引用者註）の頭をたたきわったとき、その子の親が「あそこの子とあそんだらあかん」といったのを今でもおぼえています。三年生ぐらいになったら一般の子が物をいわなくなりました。いまから考えるとやはり差別なんですね。

差別が貧困を、貧困が暴力を、暴力がまた差別を生む悪循環を端的に伝えている。この男性と小西が生まれた故郷の様子をあらわした記録がある。男性が生まれる七年前、そして小西が生まれる十五年前の一九一八年（大正七）に、大阪府救済課が警察の協力を得て、府内の全部落を調査した『部落臺帳《だいちょう》』には、富田村の「風俗」が次のように記されている。読点と読み仮名は引用者が付した。

粗野ニシテ他部落トノ交流少キヲ以テ、今尚原始的生活ヲ懌《よろこ》ヒ、夏季ハ裸体又

ハ半裸体、他ノ季節ト雖《いえど》モ省衣スルモ細帯ヲ占メ、徘徊シ、常ニ間食ニ耽《ふけ》ル風アリ

まるで荒くれ者の集落であるかのように描写されている。そもそも大阪府の調査は、防犯や部落の救済を目的に実施されたので、現在から見れば差別的な記述もあるが、他の部落のそれも似たり寄ったりである。

要するに約百年前の部落は、貧困などの社会的矛盾が集中し、為政者側から見ると風紀、風俗が乱れていた。富田をはじめ現在の部落が、当時の情況から変貌していることは、あらためて言うまでもない。

小西の記憶では、故郷の家々の玄関には扉らしきものはなく、ムシロがかかっている陋屋《ろうおく》が少なくなかった。各世帯が共同井戸で炊事、洗濯、洗顔などをおこなうため、衛生状態は劣悪で、眼病のトラコーマに罹患する住民が多かった。これは多くの部落に共通する問題であった。

小西の父親は地元で土方の元締めである人夫頭を生業にしていたが、先の大戦で召集され、きょうだい六人は母親一人の手で育てられた。小西は次男である。弟の一人は、栄養不良で死んだ。父親は敗戦後に戦地から生還したが、不安定な事業は、さほ

ど長くは続かなかった。

自分の生い立ちについて、小西は次のように語った。

「夢みたいなの、あれへん。家におったって食えるのは芋のツルが入ったお粥ぐらい。それも腹いっぱい食えるわけやなし。着るもんより何より、食うのが先。表（部落外）へ出て何とか自分で食わなしゃあない。それがそもそもの間違いやった。これは自慢やないけど、わしは体も大きかったしケンカも強かったから、自分自身が差別を受けたちゅうのはないねん」

一九三〇年代、四〇年代の農村は、どこも貧しかったが、中でも部落は貧困が集中した。

被差別部落で生まれた小西であったが、本人が語っているように被差別体験はない。ガキ大将であったことで差別を撥《は》ね返すことができた。

飛鳥会事件で小西が裁判所に提出した陳述書には「私は子供のころからやんちゃ者で、自分の生まれた富田地区の中では、たとえ私の親戚でさえ、私が道を通ると家の中に隠れてしまうようなならず者でした」と記している。

親戚の一人は、この小西の記述は、嘘ではないという。

「僕は自分のきょうだいに言われたよ。『邦ちゃんと一緒に歩いたらあかんで。人はええように言うてくれへんで』て。『人は人や。僕は邦ちゃんが好きやから、ついて歩いてんねん』と言い返しました」

親戚にさえ付き合いを敬遠されていた小西だが、後年、羽振りがよくなると、親戚を含む地元住民は「邦ちゃん、邦ちゃん」と手の平を返したようにすり寄り、何かと頼るようになった。

私の取材に応じてくれた親戚が子供のころ、小西宅に遊びに行くと、母親が話しかけてきたことがあった。

「おばさん(小西の母親)が、八卦見《はっけみ》に見てもらったら『この子(小西)は末恐ろしい人物になる』と言われたらしい。あとになって、ああ、やっぱりお母さんが言うてたんは、ほんまやってんなあと思いましたわ」

〝末恐ろしい〟という形容詞は、善悪双方で使われる。小西はそのふたつの意味で傑出した人物になる。

ガキ大将だった小西だが、まったく差別に気付かなかったわけでもない。

部落外の友人の家に遊びに行くことはあっても、彼らが小西の家に遊びに来ることはなかった。「今になって、あれが差別やったんかなあと思う」と小西は私に語った。前に引用した男性の手記にあるように、小西の友人の親も、わが子に「あそこの子と遊んだらあかん」と伝え、部落の友人の家に行くことを禁じていたのであろう。

小西は学校の成績は悪くはなかった。同世代の地元住民は「頭は抜群ですわ。百六十人くらいの学年で、十人の中には入った。ものすごい、かしこい人でした。勉強も一生懸命してましたわ。上の学校に行きたいけど、家にお金がなかったんですわ」と証言する。

小西は地元の国民学校（現在の小学校）を卒業後、中学校にはほとんど通わず（卒業証書だけはもらっている）、故郷から数十キロ離れた国鉄大阪駅界隈、通称キタの闇市で新聞売りなどをして糊口をしのいだ。戦後間もなくのころである。新聞売りといっても、当日の新聞は一番上に置くだけで、古新聞をさばく詐欺商法であった。

「闇市に行ったら、どうにかこうにか食える。あそこは、わしみたいな奴ばっかりが集まってた。昔から言うやん、類は友を呼ぶちゅうて」

後に横綱を蹴り上げたことでもわかるように、小西は気に障ることがあると、すぐに手と足が出るタイプだった。ケンカに明け暮れる日々を送る中で、しばしば警察の世話になった。

「少年のときにな、何か悪いことしたら警察に尋問されるやろ。ところが住所不定やわ定職を持ってないわ、これは虞犯《ぐはん》少年やということで、初めから少年刑務所に送られた。最初は一年か一年半入っとった。刑務所の中は、知り合いもできるし、悪いことしかおぼえへん。あんなの矯正教育違う。犯罪学を学ぶとこや」

犯罪を学ぶか更生するかは、まずは本人の意思次第であろう。小西は犯罪学を専攻し、その後も刑務所を出たり入ったりの生活を送る。本人の記憶では、十代、二十代の若かりしころ、六回も塀の中に入ったという。どんな罪に問われたかについて小西は「まあええがな、そんなことは」と口を濁して言わなかった。飛鳥会事件を担当した弁護士によると「殺人や強盗なんかの重罪ではなかったことは確か。もしそうであれば覚えてる。確か暴行とか傷害とか、そんな程度だった」と記憶している。

当初は出所の際には親が出迎えてくれていたが、たび重なると誰も来てくれなくなった。そして二十二、三歳でヤクザ組織に加入する。

「体が大きくて、ケンカが強い。そんなのをスカウトしよるわけや。わしも若いころはやんちゃだったから、そんなのに憧れてた。それで入ったわけよ」

親戚が小西の父親から聞いた話によると、大阪市中央区、通称ミナミを活動拠点にしていた博徒系の酒梅《さかうめ》組からヤクザにならないかという誘いがあったという。本人が言う、スカウトの話は、まんざら嘘ではないようだ。小西はそこには入らず、キタを根城にしていた柳川組傘下の金田組に加入する。

組長の金田三俊《みつとし》（金三俊、以下括弧内は民族名）は、〝殺しの軍団〟の異名をとる武闘派・柳川組の幹部（舎弟）だった。柳川組は大阪を本拠地にして、最盛期には全国一道二府十県に千七百人を超える組員をかかえた。初代組長の柳川次郎（梁元錫）、二代目の谷川康太郎（康東華）、そして小西の親分の金田は、朝鮮半島にルーツを持つ在日韓国人である。

二代目組長の谷川は、ヤクザの本質を次のように明言している。

・衣食住が満たされぬのは、それ自体が犯罪である。
・何が善で何が悪だといえるのは、まだ余裕のある人間だ。
・餓えなくてすむように教えること。これが教育だ。わたし自身、自分の行動力を社会改革に向けるよう刺激される教育を受けていたら、別な生き方をしたと思う。

・「努力するものは必ず報われる」というのは、ひどいウソだ。

・〝組〟は前科とか国籍とか出身とかの経歴を一切問わないただ一つの集団だ。だから、社会の底辺で差別に苦しんできた人間にとって、〝組〟は憩いの揺籃となり、逃避の場となり、連帯の場となる。

『ヤクザと日本人』（猪野健治、現代書館、一九九三年）より抜粋

貧困と差別が、暴力の温床であることを明確に述べている。

ただ、谷川は同書の中で「ヤクザがなくならないのは、政治の貧困の結果だ―などといわれても、どうしようもない。そういうことをバカの一つ覚えみたいにくりかえしている人間は、えてしてそういうことをしゃべったり、書いたりすることを商売としている人間だ」と喝破している。辛辣なインテリ批判である。

小西は、金田組に入った理由を「一人でやるより、組織の力ちゅうのはある。銭《ぜに》儲けも一番手っ取り早いわけや」と私に語った。組の威力を借りて、手早く稼げる。血気盛んで、せっかちな小西らしい理由である。

あらためて強調しておきたいのは、在日韓国・朝鮮人や部落民、その他のマイノリティのすべてがヤクザになるわけではない、という点である。各マイノリティの圧倒的多数は、堅気《かたぎ》である。

ただし、ヤクザの多くは、在日韓国・朝鮮人や部落民などマイノリティである、ということは言える。就学・進学や就職の機会均等が、差別や貧困によって奪われてきた結果、谷川が言うように組は「憩いの揺籃」「逃避の場」「連帯の場」となった。

しかし、同じ生活環境で育っても、ヤクザになる者とそうでない者に分かれる。何不自由ない環境に育っても、極道になる者もいる。その分岐点は、親の愛情や本人の性格にもよるだろう。

小西の場合、手早く金銭を手に入れることを目論んで組員になった。部落差別がいまだ厳しい時代に生まれたことに加え、すぐに手と足が出る短気な性格が、彼の進路を決定づけた。

柳川組は山口組が全国展開するにあたって、その尖兵の役割を果たした。短期間で急激に構成員を増やし、勢力を伸ばしたことで警察権力に睨まれた。

警察庁は暴力団壊滅を目指した第一次頂上作戦（一九六四～六九年）で、柳川組の初代と二代目組長を逮捕し、一九六九年（昭和四四）、解散に追いやる。小西が加入した金田組は、大阪市の中心部の北区（キタ）に事務所を構えていた。元組員によると、最盛期には大阪をはじめ中部地方などに一五〇〇人の構成員がいた。

組を率いた金田三俊は、山口組三代目組長の田岡一雄と親分子分の盃を交わし、直《じき》参《さん》となる。直系の組長で、一万人余の山口組系組員（当時）のうち、百人前後しかいない幹部の一人だった。

金田は、一九三四年（昭和九）に大阪市東淀川区にある被差別部落・飛鳥地区に生まれた。小西より一つ年下で、名前に「三」が付いていたことから、同業者や地元住民から「サンズイ」あるいは「サンズイさん」と呼ばれた。

激しい性格の持ち主で、意に添わないことがあると、車の後部座席から運転手に拳や蹴りを入れた。「いつか殺してやろうと思ったことが何度もありました」と元組員は打ち明ける。自分の統制がきくように、配下には組を名乗らせず県本部制にしたことからも、その独裁ぶりがうかがえる。

元組員によると、どんなトラブルも金で解決できるという感覚を持っていたという。もっともただの独裁者、拝金主義者であれば組員はついてこない。人の使い方がうまく、若い衆のいざこざの仲裁を買って出てはその場をおさめた。

飛鳥地区には、在日韓国・朝鮮人が多い。二〇〇〇年（平成一二）に大阪市がおこなった調査によると、一三・八％を占めている。敗戦から現在に至るまで、日本の人口において彼らが占める割合は一％もないのだから、いかに高い比率であるかがわかる。

この背景には、日本の植民地政策が密接に関係している。一九一〇年（明治四三）の韓国併合以後、多数の朝鮮人が職を求めて日本に渡った。中でもアジア最大の商工業都市であった大阪は、日本で最大の朝鮮人居住地となった。大阪市が一九三七年（昭和一二）に実施した調査によると、人口約千六百人の飛鳥地区に、一年以内に転入した朝鮮人は百九人を数えた。内地人のそれが六十一人であるから、二倍近い数字を示している。小西の親分である金田の親も、ほぼ同じ時期に渡日し、飛鳥の地に根を下ろしたのであろう。

第二次世界大戦の終結で、多くの朝鮮人は祖国に帰るが、帰国を選ばない者もいた。戦後の部落解放運動の足跡を追った『40年の歩み』（大阪市同和事業促進協議会、一九九三年）に「戦後の大阪市内の部落の実態」が次のように描かれている。

大都市はその性格上、都会の興隆《こうりゅう》に反比例して必ず一方でスラム化を招いていきますが、大阪市内も生活環境や住宅の劣悪な状態にある部落へ、次第に全国から多くの人達が流入しやがてスラム化を招いていくことになり、こうして同和地区（主に行政が部落を指して使う用語＝引用者註）が、社会の底辺の縮図となる構図ができあがっていきます。

飛鳥地区は、この記述にぴたりとあてはまった。差別と貧困によって就学や就職の機会を奪われていた在日韓国・朝鮮人は、同じ境遇にあった部落に身を寄せた。家賃をはじめ物価が他地区と比べて安かった、というのも大きな要因であろう。

金田が生まれ育ち、後に小西も住むことになる飛鳥地区は、大阪市の中心部である北区・梅田から阪急電車で十分弱の近距離にあり、九ヘクタールの土地に、活気があった一九七〇年代半ばには、千世帯、三千人が居住していた。二〇〇〇年（平成一二）の大阪市の調査では、約六百世帯、千三百人が住む、大阪市内では中規模の部落である。

ここで飛鳥地区の歴史について簡単に触れておきたい。現在の飛鳥がある一帯は、十八世紀半ばの古地図には「新家《しんけ》の皮多《かわた》」と記されていた。皮多とは近世以前の被差別部落の呼称のひとつである。飛鳥の地名は、一八八五年（明治一八）の地図に字名として記載されている。近世から明治中期まで南方新家村《みなみかたしんけむら》、以後、大正末期まで西《にし》中島《なかじま》村大字南方新家と呼ばれた。

近代以降は膠《にかわ》産業が盛んで、最盛期には地区内に六つの業者があった。膠とは牛や豚の骨、皮などを煮出した溶液を干し固めた物質で、主に接着剤として用いた。部落は古来、屠畜を生業にしてきたため、膠の原材料の入手は容易だった。ただし、それらを煮詰める際、強烈な臭いがするため、労働条件は苛酷であった。

小西は飛鳥地区の地場産業について、私に次のように説明した。

「膠は近江八幡（滋賀県）に武佐《むさ》いうとこがあんのや。向こうで膠の原料を買《こ》うてきて、こっちで炊いてつくるわけや。それと竹の皮。今はビニールなんかがあるけど、握り飯を昔は竹の皮で包んだ。これも泉佐野（大阪府南部）まで買いに行ってこっちで加工した。地場産業いうたら、そんなもんや」

さすがに長年、飛鳥に住んでいただけあって、詳しかった。

飛鳥地区は古くから部落解放運動との縁が深い。

反部落差別の旗を掲げて一九二二年（大正一一）に結成された全国水平社は、同年、飛鳥の膠業者の自宅で演説会を開いている。翌一九二三年（大正一二）には、西中島水平社が産声を上げた。その八十年余り後、水平社の精神を受け継いだ部落解放同盟の飛鳥支部長・小西邦彦が、地元の水平社と同じ地名を冠した西中島駐車場の売り上げを横領したとして逮捕された。何やら因縁めいている。

水平社時代には、飛鳥地区から大阪市内北部ブロックの書記長が輩出している。戦前の部落解放運動において、飛鳥の活動家が果たした役割は大きい。

大阪市の中心部に近いこともあって、飛鳥の地には近畿各地の部落や部落外から出てきた人々が移り住んだ。ある地元住民は、飛鳥には「地区土着の人三分の一といった当地区の特殊事情」（『解放新聞　大阪版』一九六八年一一月一五日）があったと記している。三分の二が、飛鳥以外からの移住者だった。小西邦彦もその一人である。

飛鳥地区は、朝鮮半島にルーツを持つ金田や、他の部落から来た小西など様々なマイノリティを包み込んだ。そして賤民が居住していたとされる空間は、部落解放運動によって劇的に変貌していく。

生まれ育った部落を出て金田組に入った小西は、一九五〇年代の初頭に金田が生まれ育った飛鳥に住む。このころ、小西はすでに結婚しており、金田の家の近くのバラックに、妻と二人で住んでいた。近隣の住民が、二十代の小西の生活について語る。

「表通りから路地を入って行ったら、小西さんの家があった。その辺一帯は、バラックがたくさんありました。小西さんとこは、三畳一間やった。夏は暑いから窓を開けっ放しで、中は丸見えでしたね。きれいに掃除はしてはった。奥さんやなくて、小西さんが。あの人はきれい好きでしたよ。

小西さんは金田さんの家で、番頭みたいなことをしてました。私の母親が町会の班長やったから、会費をもらいに金田さんの家に行くと、小西さんが『はいはい』言うて出てきはった。そのころは、あんまり怖い人じゃなかったですよ」

小西はバラックに住みながら、金田の家に通い、電話番や運転手などを務めていた。

飛鳥会事件で逮捕された小西は、新聞各紙で「金田組の元幹部」などと報道されたが、事実とは異なる。いわば下っ端で、だからこそ部落解放同盟飛鳥支部の小西支部長が誕生するのである。

金田の家に詰めていたころについて、本人に確かめたことがあった。「組には何人いて、その中で何番目くらいだったんですか?」という直截的な問いに「アホなこと言いないな。そんなことええがな」と言葉を濁した。

前にも記したように組長の金田は気性が激しい人物で、外部の人間がいる前でも平気で組員を殴打した。一九六〇年代半ばから金田組に出入りしていた関係者が金田の人物像について語る。

「そらもう、ものすごい短気。怖いもんなしや。小西も人の言うことを聞かへんかったけど、あの人にはかなわん。睨まれたら目の前でもバチバチいきよる(殴った)」

そう語る人物は、金田が小西を殴るのを何度も見たことがあるという。

このころの小西は、後に〝大物〟になる片鱗を見せている。

小西とは別の組に属していた元組員は、若かりしころの小西がどんな人物であったかをある人に問うたことがある。元組員の証言。

「いっぺんだけね、金田の姐《あね》さん(夫人)に『オヤジ(小西)は若いころ、どんなだったですか？』って聞いたことがあるんですわ。三人おった運転手のうちの一人の小西さんは、時間があったら本をずっと読んどった。この人は将来、大物になると思ったらしいですけどね。とにかく他の者《もん》と違《ちご》たと言うてはりました」

小西は終生、読書・活字好きであった。周囲に本好きがいないので、どんな本を読んでいたのかはわからない。証言してくれた元組員によると、出版社系の週刊誌や月刊誌などを好んで読んでいたという。旅行に行っても名所旧跡の解説などは丁寧に読んだ。どこに行っても、「もともとここは……」と地域の歴史を語るほど博識だった。

読書・活字好きであることは、取材をしていてもわかった。語彙も豊富で、飛鳥会事件の公判では自らの罪を「万死に値する」と表現した。また、ヤクザになっても体に墨だけは入れなかった理由を「身体髪膚《はっぷ》これを父母に受く、あえて毀傷《きしょう》せざるは孝の始めなり、言うやろ」と私に語った。儒教経典の一つ『孝経』の一節である。いずれも、活字や本が好きでないと出てこない表現である。

後年、小西は株取引に手を出すが、運転手つきのベンツには、経済紙や一般紙が常備されていた。最晩年の入院時、起き上がることさえできなくなった小西は、お付きの者に新聞を顔の上に広げさせ、ベッドで仰向けになりながら活字を追った。学歴は中卒ではあったが、視野は狭くはなく、あらゆる情報に敏感であろうとした。

柳川組が解散した一九六九年（昭和四四）は、飛鳥を含む全国の部落にとって、画期的な年となった。住宅や道路の建設など様々な施策を盛り込んだ同和対策事業特別措置法（以下、同対法とも表記）が施行されたのである。

劣悪な生活環境に置かれていた部落大衆は、敗戦後に部落解放国策要求請願闘争を展開する。総理府の付属機関である同和対策審議会は、各地の部落を調査し、一九六五年（昭和四〇）に答申を発表した。

この中で、部落問題は「その早急な解決こそ国の責務であり、同時に国民的課題である」と表現した。部落問題の解決が国家プロジェクトであることを明言したのである。以降、部落解放同盟は、部落問題は国民的課題の文言を楯に取り、行政に対して諸要求を突き付けていく（ちなみに答申では、全国の同和地区は四千百六十、同和地区人口は百十一万三千四十三人と述べている）。

答申を受けてスタートした同和対策事業（以下、同対事業とも表記）は、費用の三分の二を国が補助した、まさに国策であった。あとの三分の一は各自治体が負担した。

事業が始まる前年の一九六八年（昭和四三）には、日本は国民総生産が資本主義国ではアメリカに次いで第二位に躍り出ている。高度経済成長を経て、ようやく国が前近代の負の遺産である部落問題に手をつけたのであった。

事業が始まる前後には、雨後の筍のごとく、全国で部落解放同盟の支部が結成された。部落解放同盟大阪府連合会の元幹部は、大阪府内の支部のうち、三分の二は同対法が施行されてから設立されたと語る。

「ある程度、解放運動が軌道に乗って、かなりの事業が取れるようになると、ムラのボスのところに行くんですよ。『こんな事業ができるで。あんたんところはどうや。解放同盟をつくり。つくったらこの部落《ムラ》ももっと変わるで』。そう言うて支部をつくっていった地域が多いんです」

多くの部落で、住宅や道路、仕事や奨学金などを求めて、支部が結成されていった。今よりましな家に住みたい、ましな仕事に就きたいという具体的な要求から支部が組織されていった。

飛鳥地区では、一九六四年（昭和三九）に開通した東海道新幹線の建設中に周辺地域で汚水が発生し、水道の敷設を求める運動から、一九六三年（昭和三八）に支部が結成された。当時は井戸水をポンプで汲み上げ、生活用水にしていた。プロローグで紹介した記録映画『わが町 飛鳥』の母子の会話を思い起こしていただきたい。母親の「この工事のために、ポンプの水に下水が混じってしもたんや。お茶わかす水に、ミミズが入ってきたこともあったんや」というセリフは、新幹線工事による汚水問題を語っていたのだ。

結成された部落解放同盟飛鳥支部の初代支部長には、近隣の日之出地区出身の住民が就いた。日之出支部の副支部長も務めた活動家だった。

日之出地区では、一九五九年（昭和三四）に部落解放同盟の支部が結成された。同対事業に対する取り組みは比較的早く、飛鳥支部の結成・再結成にあたっては、日之出支部が何かと支援した。しかし水道敷設の目的が達成されると、飛鳥支部は自然消滅した。

時が経ち、同対法の施行を前に再建を求める声が高まり、一九六八年（昭和四三）に支部が再結成される。支部長には、飛鳥の実力者が就いた。古株の支部員は、再建時の支部長について「あの人はね、おとなしいんですよ。みんなの先頭に立ってやろかいう感じじゃないですね」と評した。

一九六〇年代半ばに飛鳥地区で発行されていた機関誌には、再建時の支部長が書いた「須磨浦に遊ぶ」と題した文章が掲載されている。「新緑の　山重なりて／青葉の香　強く鼻うつ／須磨の海　波おだやかに／さながらに　鏡のごとし」とつづられ、インテリの片鱗をうかがい知ることができる。組員の小西とは正反対のタイプであった。

再建支部長は就任してわずか一年で解任され、翌一九六九年（昭和四四）に三十五歳の小西邦彦がその任に就く。小西はそのとき、現役の金田組組員であった。部落解放同盟飛鳥支部の古参支部員は、そのあたりの事情について次のように話す。

「本当は金田さんが支部長選に出るつもりやったけど、在日韓国人やから出られへんかった。別荘（刑務所）に行ってた、という話もある。ほんで組員の小西さんに出させた。当時を知る人は、みんなそう言うてますねえ。当時はやはり、在日韓国人が解放同盟の支部長になるのは不可能やった。少なくとも金田さんはそう思ったんでしょう」

それが事実であれば、部落差別に反対する運動団体にも民族差別は存在したことになる。もっとも小西のような下っ端の組員ではなく、組長という立場が障害になったことは想像に難くない。

金田組に出入りしていたある人物は、小西の支部長就任について次のように語る。前に述べたように「サンズイさん」は、金田三俊・金田組組長の愛称である。

「小西が支部長になれたんは、サンズイさんのおかげ。あの当時、小西はそこらのチンピラと一緒や。まともにしゃべられへんし（小西はかつて重度の吃音者であった）、そんな簡単に支部長にはなられへん。たまたま高槻富田の部落出身やから『お前、やれ』となった」

ヤクザの世界において、親分の命令は絶対である。金田から見れば、小西が下っ端であればあるほど支配しやすかった。また、部落出身者の小西なら無事に支部長を務めることができ、自分も潤うことができると考えたに違いない。

同じ部落出身者とはいえ、いわば〝よそ者〟の小西が支部長に就いたのは、一部住民がそれを要望したからでもあった。七十代後半の女性は、小西に支部長就任を頼みに行った一人である。

「そのころ公民館で、住宅の建て替えのための立ち退き交渉を、市の職員を交えて夜の十時、十一時までやっとった。そのときに小西さんもおった。あの人は何も口出ししはらへん。でも熱心に来てくれるから、支部長になってくれるよう頼んだわけや。最初の支部長（再建時）は、ええしのボンボンや。そら確かに力はあったと思う。そやけど力のあり方が違う。小西さんはいくらヤクザの道に入っても、小さな所帯から大きなっていった人やから、そこらが違うとうちらは思う。『あんたしかいないねん』て小西さんに言うたんは確かやから。『俺みたいなんができるかいな』と言うてはった。うちはそのことで金田さんにも会《お》うたよ。小西さんに力を貸してもらお思たら、この人に話しとかなあかんやんか」

組員に支部長になってもらうため、地元住民が組長に会いに行った——。現在では考えられない話である。

別の女性は、ある冊子に、小西支部長就任について、次のように記している。文中の実名はイニシャルに変え、適宜読点を付した。

三〇年振りかえると、思い出があります。住宅が欲しいのに、飛鳥には、支部長がいない。それでは住宅が建たないので、Fさん、Kさん、主人が小西さんのお宅に何度もお願いに行き、支部長を承諾してもらいました。私たちに、大黒柱ができ

てほんとうにうれしく思いました。（中略）
支部長は住宅、保育所、学校の要求闘争に支部員と運動をして行こうと言うお話で、支部員たちは、まずは住宅やと言って、動員や集会に参加しました。私は市役所に、座込みに言《ママ》った時、支部長、Ｆさんの指導に従い頑張ったことを思い、若かったなと思う。
現在の飛鳥は住宅も建って沢山の施設もできました。これも支部長の力と努力のおかげです。私は飛鳥に生まれて良かったなと思います。
『わが町　飛鳥（別冊）』（飛鳥支部再建30周年記念事業実行委員会、一九九八年）

「支部長がいない」というのは、頼るべき人物がいなかった、という意味であろう。

この記述を見る限り、小西は地元住民の強い要望で支部長に就任したことになる。

ちなみにこの女性が何度もお願いに行った小西の自宅とは、同対事業によって地区内にできた団地型の３ＤＫの市営住宅である。

小西は私の取材に対し、かつての飛鳥の実情について次のように答えている。

「うち（故郷）の部落も生活レベルが低かったけど、ここはもっとひどかった。すぐ近くには府営住宅が建ってて、電気もガスも水道もついてる。ひねったら水が出る。これは羨ましかった。そやけど府営住宅には、飛鳥の人は誰も入られへん。なんでかいうと所得が少ない。定職がないから家賃も払われへん。仕事は寄せ屋いうて、今で言う廃品回収、それからコボチ（解体業）、それに日雇いが多かった。生活苦をまぎらわすためにヒロポン（覚醒剤）が流行って、ここは〝ヒロポンの町〟と言われてたんや」

ちなみに小西自身も十代後半からヒロポンの常習者だった。

部落解放運動に参加した理由について、小西は次のように語った。

「わしが刑務所に出たり入ったりしとったころ、母親によう言われた。『お前な、いつまでそんなことしてんねん。親きょうだいも、お前一人のために困ってる。ちょっとはまともな人間になれ』。飛鳥は支部が出来たけど、町会派が実権を握ってて運動勢力を抑えつけてた。日之出は解放運動やったおかげで住宅とか建ってる。やっぱり運動はせなあかんと思うた」

町会派とは、町内会の幹部を務める地元の有力者やそのシンパのことである。彼らは部落解放運動には消極的で、積極的であった小西らと対立関係にあった。

小西が部落解放運動に入るきっかけは、本人によれば飛鳥地区の劣悪な生活実態を変えたいという思いと、母親の「ちょっとはまともな人間になれ」という言葉であった。

飛鳥会事件で大阪地裁に提出した陳述書にも、「部落解放のために運動することで、母親の期待に少しは添えるのではないかと思った」と記している。また、陳述書では次のようにも述べている。

被差別部落で生まれて育った私は、人間は自分1人の力だけでは生きていけない、人と人とが互いに助け合い肩寄せ合っていくのが人生であると感じ、私は部落解放運動に入り込んでいったのです。少し生意気な言い方かもしれませんが、私は暴力団に入ったり、前科を重ねたりしていますが、涙もろいところがあり、一生懸命に生きていても、差別のために、それが報われずに辛い思いをしている人を助けなければいけないと思ったのです。

陳述書は裁判官の心証をよくするための文書であるから、それを差し引いて読む必要はある。それでも、小西が涙もろい人間であることは、彼を知る誰もが認めるところである。

小西は一九七〇年代の半ばごろ、後に部落解放同盟の幹部となる人物に、ことあるごとに「わしはヤクザな人間やけどな、辛い思いを知ってるから、困った人がおったら何とかせんといかん。その魂だけは忘れたらあかん」と語った。部落解放同盟は、飛鳥会事件によって小西を除名するが、かつて小西に魂論を力説された人物は、その言葉に嘘はなかったのではないかと考えている。

様々な証言や伝聞を総合すると、小西が部落解放同盟の支部長に就いたのは、①金田組長の推挙があった②一部地元住民の要望があった③小西本人も部落出身者であり、劣悪な生活環境に置かれていた飛鳥を変えたいという思いがあった、などの理由が考えられる。

再建して二代目の支部長になった小西は、部落解放運動の象徴の「荊冠」と山口組のシンボルである「山菱」の二足のわらじをはきながら飛鳥の顔となっていく。

部落が社会的矛盾が集約する場所であることはすでに述べた。部落差別は、反差別の活動家と反社会的勢力であるヤクザを生んだ。ヤクザの中には部落解放運動に目覚め、運動に参加する中で、足を洗う者もいた。運動団体もまたヤクザ組織同様、柳川組二代目組長の谷川康太郎が言うように「憩いの揺籃」「連帯の場」であった。

荊冠と山菱の二足のわらじを周囲はどう見ていたのか。

飛鳥地区の近隣に位置する日之出支部の初代支部長・大賀《おおが》正行《まさゆき》は、後に部落解放同盟大阪府連合会の書記長を務めた活動家で、小西は四歳年下の近隣の先輩支部長に一目を置いていた。部落解放運動では大賀を指導者として仰いだことを、事あるごとに人に語り、文章にも残した。

その大賀は、ヤクザ組織に属していた小西をどう見ていたのだろうか。

「小西は解放運動は真面目にやっとった。ほんでわしらの言うことには逆らわへん。あのへんが普通のヤクザとちゃうねん。まともに勉強して活動家になっていこうという姿勢はあった。こんなんをちゃんとした活動家にしたら、運動に影響力を持つ。ものすごい期待の目で迎えたわけや。わしの目に見える小西はな、ヤクザから足を洗《あろ》て堅気の道に入って解放運動で貢献しようとしてる、そういうふうに見えたわな」

大賀の期待通り、小西は部落解放運動に影響力を持つ活動家となっていく。

第二章　ふたつの顔

部落解放同盟飛鳥支部は再建されたものの、地区内には「わざわざ部落を言う必要はない。そっとしとけば差別はなくなる」という考えを持つ住民が少なくなかった。いわゆる「寝た子を起こすな論」である。小西は部落解放運動に否定的な住民に対して、その必要性を説いた。当時の運動を取り巻く情況について、小西は次のように語る。

「日之出は解放運動をしているおかげで住宅も建ってる。うちはなんであかんのやと。町会派が、みんなを抑えつけとったわけや。わしははじめ、町会派からアカや言われたもん」

前章で述べたように、飛鳥支部は再建当初、地元の有力者が実権を握っていた。小西にしてみれば、彼らは差別に決然と立ち向かおうとしない融和主義者に見えた。また、大賀正行をはじめ早くから運動を始めた近隣の日之出支部のメンバーの中には、日本共産党に所属していた者もいた。その日之出支部から何かと指導を仰いでいた小西は、地元の実力者からは同じ共産主義者《アカ》と見なされていた。

小西はビラを書いては地域内で配る地道な活動を始める。

「わしはそんな学問があるわけやないから、字引を見ながら蠟紙《ろうがみ》に鉄筆で書いて、一枚一枚ビラを刷ったんやで。解放運動ちゅうのは、やった方がええ違うかって。地区内で配っても、誰も受け取ってくれへんけどやな、中には受け取ってくれる人もおったわけや」

自身が語るように、支部長・小西は当初、飛鳥の地で、さほど受け入れられていたわけではなかった。それにしても辞書を引きながら文案を練り、ガリ版でビラを刷る極道の姿は想像し難いものがある。

地元の実力者らで構成される町会派と部落解放運動を積極的に進めようとする活動家との対立は、飛鳥地区に限ったことではない。多くの部落住民は、自分の立場を自覚し、差別に抗議することには抵抗があった。

さほど部落解放運動が支持されなかった飛鳥で、ある出来事がきっかけとなり、小西の存在が注目されることになる。

小西が部落解放同盟飛鳥支部の支部長に就任して四ヵ月後の一九六九年（昭和四四）十月。地区内にある共同浴場・パール温泉が焼失した。この共同浴場は、同対事業が始まる以前から、各部落に対して続けられていた数少ない公共事業の一つである。

午後一時前に燃料置場から出火し、消防車数十台がかけつけたが、地中の水道管が細いために水圧が低く、十分に放水できなかった。また、消火栓が錆びついて使い物にならなかった。

部落解放同盟の機関紙『解放新聞 大阪版』はこの火災に触れ、「消防署は『水があればボヤで消せた』といい、水道局は『百ミリの水道管しか通ってないから』とおたがい責任のなすりあい」と報じている。

飛鳥地区は目の前に東洋一と言われた柴島《くにじま》浄水場があった。水がすぐ近くにふんだんにあるのに、火災時には何の役にも立たなかった。住民はなすすべもなく、焼け落ちる共同浴場をただ見続けるしかなかった。

このころ、大阪市内の部落で火事が相次いだ。例えば西成《にしなり》区の部落では、住宅が密集している上に道路が狭いため消防車が入れず、出火後わずか三十分で三十五軒が全焼した。

部落解放同盟大阪府連合会（以下、大阪府連とも表記）は、火災は部落の劣悪な生活環境やインフラの未整備に原因があり、それを放置してきた行政に問題があるとして、飛鳥地区の共同浴場火災を市内全体の運動課題として取り上げることを決定した。小西は飛鳥会事件の公判において大阪地裁に提出した陳述書で、パール温泉火災について次のように述べている。

このときの飛鳥地区の人たちは「焼けてしまったものは、しかたがない。」という厭戦気分が支配していて、誰も憤りさえ感じてない状態でした。私にとっては、この火災が人生を変えたと思っています。私は、行政に対しても腹が立ちましたし、長年部落差別の中でいじめを受け続けて、正当な主張をする勇気も元気もない人たちを前にして、ここで自分が立ち上がらなかったら自分が生まれてきた意味がないと思いました。

なんとも大仰な書きぶりではある。こう記したあと、共同浴場の再建に取り組む小西を見て、周囲が「小西がどこまでやれるのか、一つ見極めてやろうか」という態度に変わってきた、とつづっている。極道の新任支部長の実力が試されていた。

火災から約三週間後、大阪市内の部落解放同盟支部で構成される大阪府連市内ブロックの四百五十人が集結し、対市交渉を開いた。大阪市からは同和対策部、消防局、水道局、土木局、民生局、都市開発局の局長および部長、課長が勢ぞろいし、支部員の声に耳を傾けた。

当時、飛鳥地区の各家庭には風呂がほとんどなかった。住民の多くは解体業や廃品回収業などの肉体労働に従事しており、一日の汗を流し、疲れを癒す共同浴場の焼失は、生活にかかわる大問題であった。そのことを強訴すると、大阪市側は「今度の火災は関係各局に責任があり、市の行政責任と考える」と答弁し、飛鳥支部と善後策を検討することを明らかにした。

交渉の終了後、小西は飛鳥支部を代表し、市内ブロックの応援に感謝の言葉を述べた上で「この闘争の成果を解放運動の新しい踏み台として、今後、大阪市のきょうだいのみなさんと共に頑張ります」と決意を語った。「きょうだいのみなさん」とは、部落の同胞のことである。

この対市交渉以降、飛鳥支部と大阪市は折衝を重ねた。交渉に参加していた飛鳥支部員の一人は、小西の毅然とした活動家ぶりには驚いたという。証言してくれたのは極道支部長に当時も今も反感を持つ人物である。

「あの人は、頭は切れるんです。交渉のときでも、行政がぐうの音も出んぐらい、きちっと詰める。ヤクザが脅すような感じやない。いつの間にか相手は丸めこまれる。わたしの父親も小西さんに反発を感じてましたけど『解放運動の本とかをよう読んでるし、どんな交渉の仕方がいいのか、よう考えてる。凄い』と言うてた。行政は段々太刀打ちできなくなっていった。交渉でしゃべるときは、どもらなかったですね」

小西は重度の吃音者であったが、人前で発言するときは、さほど言葉に詰まることはなかった。

交渉を重ねた結果、大阪市は六千六百万円の予算を計上し、共同浴場の再建に取りかかる。火災のわずか四ヵ月後に地鎮祭、十一ヵ月後に竣工式をおこない、一年を待たずにオープンの運びとなった。

驚異的なスピードで、住民の憩いの場は再建された。かつて木造だった共同浴場は、サウナや会議室、美容院を備えた鉄筋三階建ての近代的なビルに生まれ変わった。焼失からわずか一年足らずの再建に住民は歓喜し、小西を見る目が変わったであろうことは想像に難くない。小西自身も前出の陳述書に「私が地区内でその存在を認知されるようになったのは、パール温泉の火災が契機であり、同時にこの火災は私自身の解放運動の幕開けとなったのです」と記している。

行政と折衝し、住民の要望を実現していく過程で、小西は統率力を発揮していった。

パール温泉が再建された一九七〇年（昭和四五）、小西は部落解放同盟大阪府連の執行委員に選出される。府連は当時、同盟員が二万人以上いたが、その中枢である執行委員は二十人前後しかいなかった。後に小西は、大阪市内の支部で構成される市内ブロックの副議長にも就任している。中核組織のナンバー2である。いかに小西が大阪府連から嘱望されていたかがわかる。

執行委員になった年には、大阪府連が結成した行動隊の副隊長にも任命された。府内の組織問題を担当する組織部の傘下に結成された行動隊は、当初は部落内で起きる様々な問題を解決するためにメンバーが集められ、同和対策事業をめぐる建設業者同士のいざこざや住宅入居問題に端を発したもめごとなどに対処した。「理屈では言うことを聞かん連中を力で抑え込んでいたわけよ」と当時を知る人物は語る。行動隊結成に際して、小西は自分が生まれ育った部落にあるヤクザ組織の組員をメンバーに誘っている。その組員が固辞したため、実現はしなかったが、もし首を縦に振っていたら、さらに強面が揃った行動隊になったであろう。

行動隊の主力メンバーは、同じ時期に結成された大阪市内の西成支部の行動隊員であった。

西成の部落解放運動の歴史は、ヤクザとのかかわりが深い。飛鳥と同様に、関西各地の被差別部落から移住してきた者たちを多く抱え込んだ西成は、高名な活動家や有名無名の荒くれ者を生んだ。

例えば一八九九年（明治三二）生まれの松田喜一《きいち》は、全国水平社の創立大会に参加し、後に日本共産党に入党。部落解放運動に邁進するとともに社会主義者としても活動を続け、戦前には治安維持法違反で検挙された。戦後は部落解放同盟の副委員長を務めるとともに、地元・西成の極道者やその予備軍を荊冠旗の下に集め、エネルギーの暴発を防いだ。

松田門下には屈強なヤクザに一歩もひけをとらない大柄の靴職人がいた。西成区に隣接する浪速《なにわ》区にあった大阪府連の事務所に利権を求めてヤクザが来ると、府連から靴職人にすぐに連絡が入った。自転車で駆けつけた職人は、事務所に入るなり「おどれ、どこのエタじゃ！」と怒鳴り、頭突きをくらわせ、退散させた。ヤクザを恐れぬ堅気がいて、睨みをきかせていた時代があった。

ちなみに松田喜一の実弟・雪重は敗戦後、西成の地で博徒系の松田組を結成する。各地に賭場を開設し、その名を全国に轟かせた。雪重の死後、組は山口組との抗争、いわゆる大阪戦争に敗れ解散に至るが、兄が部落解放運動の闘士、弟が博徒の元締めというのも、すべてを包み込む被差別部落を象徴している。

小西が副隊長についた大阪府連行動隊は、大阪市内のヤクザ組織に関係していた岡田繁次を隊長に据えた。岡田は小西同様、市内の部落解放同盟西成支部の支部長と大阪府連の執行委員を長らく務めた。「われらの行く手を阻むものあらば、一刀両断あるのみ」を信条とし、隊を率いた。

府連行動隊に所属していた元メンバーが、岡田の思い出を語ってくれたことがあった。その元メンバーが支部事務所を訪ねると、岡田は部屋の奥で日本刀の手入れをしていて、えも言われぬ迫力があったという。支部事務所の入口周辺には、当時はまだ珍しかった監視カメラが据えつけられていた。小西も周囲も、ヤクザ者であった岡田を「兄ちゃん」と呼び、頼りにした。

岡田は当時の大阪府連の幹部に「お前らは理屈が立つから、そっちで押し通せ。もしヤカラが来たら俺に任しとけ」と役割分担を指示していたという。ヤカラとは、無理難題を言うヤクザ者のことである。毒をもって毒を制することを本人たちは自覚し、組織はそれを期待した。

府連行動隊は、部落解放運動において路線を異にした日本共産党と各地で激しくぶつかった。

部落解放同盟と日本共産党は、もともと親密な関係にあった。前記したように全国水平社は戦後、部落解放全国委員会に引き継がれ、一九五五年（昭和三〇）に部落解放同盟に改称される。以後、一九六〇年代半ばまで、大阪府連の常任である書記長と会計の二人は、部落出身ではない共産党員が務めた。組織の方針決定や財務を共産党が指導・把握していたのである。大阪府連は共産党の支配下にある、と言っても過言ではなかった。

ところが一九六〇年代半ば以降、同対法、同対事業をめぐり、共産党と部落解放同盟の対立が鮮明になる。共産党は諸施策を受けることによって権力にとりこまれる

――いわゆる毒まんじゅう論――と主張し、解放同盟と対立した。後に共産党員やそのシンパは、別組織を設立し、部落解放同盟と決別する。両者は、諸施策をどの組織を通して受給するか、また教員採用や人事、施設の使用や住宅入居などをめぐって大阪府内外の各地で対峙した。

当初は部落内の紛争を解決するために組織された行動隊の隊員は、胸に荊冠の刺繡を入れた戦闘服に似た制服を身につけ、編み上げの靴を履いていた。遠目には自衛隊員か右翼に見えなくもなかった。

一九七三年（昭和四八）には大阪府羽曳野《はびきの》市で、共産党員の市長が当選した。同和対策事業で建てられた住宅の入居をめぐり、解放同盟と共産党が対立する。共産党の宣伝活動に対抗すべく、ピケ隊の一員として参加していた同盟員は、当時の様子を次のように語る。

「共産党は、山村《さんそん》工作隊（かつての党公認の武装組織）をやっとった連中が来とった。解放同盟は西成のメンバーが中心やけど、共産党の方が強かった。岡田（繁次）のおっちゃんが、マイクを壊しに行こうとして共産党の宣伝カーに駆け上がったけど、あっという間に取り押さえられた。岡田のおっちゃんに続いたメンバーも宣伝カーに飛び乗ったけど、腕をへし折られた。向こうは本格的に格闘術を身につけてた感じやったな」

飛鳥支部と府連行動隊に所属していた人物は、別の〝戦闘〟について次のように話す。（ ）内は引用者の註である。

「そのころ、『橋のない川』（第二部）という映画がありまして、共産党系の監督（今井正）がつくって表現に問題があるということで、解放同盟は各地で上映反対運動を続けてました。あれは（大阪府）堺やったかな。小西支部長が『きょうは共産党が出てくるぞ。みな集め！』言うから、隊員に声をかけて堺の市民会館に行ったんですわ。ほならやっぱり共産党員が大勢おりましてん。向こうは『帰れ、帰れー！』言うから、行動隊は並べてあった鉄のバリケードをボーンと投げましてん。警察もようけ来てましたで。どさくさにまぎれて小西さんがボコーンと殴った相手が、知り合いの私服刑事で『小西さん、わしやがな』『なんや、あんたか』という場面もありました」

映画の上映をめぐり、あやうくケガ人が出るほどの市街戦が展開されていた。

大阪市に隣接する吹田市の共産党シンパの市長宅に押し掛けたこともあった。

「持って行った竹竿で、庭にあった大きな池の中の鯉をつついたりしてました。もう無茶苦茶してましたで、ほんまに。確かにね、『部落は怖い』と言われてもしょうがない人間がいましたわ。仕事もないから、どないしてもワルになるんですわ」

部落解放という大義名分はあったが、行動内容は、ただの暴れ者である。小西は私に対して共産党勢力との衝突では「あのときは血が騒いだ」としみじみ語った。血気盛んで腕力に自信があった男が、このときとばかりに思う存分、力を発揮できた時代であった。

部落は活動家とヤクザを生んだことはこれまでに何度も述べたが、ある者は差別への怒りから、またある者は同対事業でひと儲けすることを企んで荊冠旗の下、戦列に加わった。いずれにしても歴史ある反差別団体に、現役あるいは元ヤクザが重要な役割を果たしていた時期があった。

部落解放同盟飛鳥支部支部長、大阪府連執行委員、大阪府連行動隊副隊長として組織の中枢を担った小西だが、片足は金田組に置いたままだった。それでも運動団体のトップでいられたのは、パール温泉の再建などで住民の声をまとめ、対市交渉でもリーダーシップを発揮していたからであろう。しかし小西は、地元の支部員には「組には関係していない」と言っていたようだ。その嘘がある日、ばれてしまう。

一九七一年（昭和四六）一月十六日の新聞各紙朝・夕刊に、鹿児島刑務所を出所した金田組の幹部（若頭補佐）を、組員九十五人が出迎えたという記事が載った。組はこの日のため、飛行機をチャーターしていた。

百人弱の組員を乗せた飛行機は、大阪国際空港から鹿児島空港まで飛び、出所した幹部を乗せて大阪に戻ってきた。朝日新聞夕刊の社会面トップ記事には、出所したばかりの幹部を刑務所の正門で組員らが出迎える写真が添えられ、その中に三つ揃いのスーツを着た小西がくっきりと写っていた。まさか本人も、組員であることを証明する自分の写真が新聞に掲載されるとは思っていなかったであろう。

それを見た部落解放同盟飛鳥支部の支部員の中には、「支部長が組と縁を切ったというから、わしらも頑張っているのに、まだ切れてないなら辞める」と言い残して支部を去った者もいた。当時を知る飛鳥支部員が証言する。

「現役の組員だったことを知ってた支部員の中には、小西さんに対して『運動ではヤクザの顔を表に出さんといてくれ。金田は何をするかわからんから、あなた自身の判断で動いてくれ』と言うてた人もおったんですよ。ところが新聞に写真が出たでし

鹿児島刑務所の正門前で金田組幹部を出迎える組員たち。矢印が小西邦彦
（1971 年 1 月 16 日付朝日新聞夕刊掲載）

よ。『どういうことや！』言うて、みんなで責めたんですよ。小西さんからは、またこういうことがあったら今度は支部長を辞める、という確約を取ったみたいです。組との関係は切られへんということは、みな知ってたんです」

組員であることがわかるような行動は一切控えることを誓い、小西は支部長に留まることができた。

組員であることを後ろめたく思いながらも、小西はその経歴や人脈を利用した。

新聞に掲載された写真で現役の組員であることが発覚した翌一九七二年（昭和四七）、小西は後に飛鳥会事件の逮捕要件となる駐車場の開設にかかわる。あるトラブルの処理を依頼されたことから話は始まる。本人がその経緯について語る。

「駐車場ができる場所は空き地で、テキ屋の屋台が集結しとった。ゴミ捨て場にもなっとった。周辺の住民がそれを地元の市会議員に陳情したわけ。議員から聞いた市役所の担当者が『小西さんはテキ屋をよく知っていると聞いてます。なんとか言うてほしい』と頼みに来た。これがきっかけや」

問題の土地は大阪市の市有地で、飛鳥地区から数キロ離れた東海道新幹線新大阪駅にほど近い高架道路下に位置し、三千七百平方メートルの広さがあった。ここに屋台などを置いていたテキ屋の親分は、飛鳥のすぐ近くにある部落の出身で、小西とは昔からの知り合いであった。

小西はその親分にいくばくかの金を渡し(一千万円という報道があり、本人に確かめると否定も肯定もしなかった)、屋台を撤去する話をつけた。その後、問題の土地は元通りの空き地になったが、再び同じような事態になることを恐れた大阪市は、空き地の利用方法について小西に相談したという。再び小西の話。

「よし、わかったと。そっから駐車場の話になった。わしの案や。わしの名前で土地を貸せと言うた。掃除（屋台を撤去）したのはわしや。銭もかかってるし、テキ屋に義理も噛んでる。ところが市は小西個人に土地は貸せないんやと。そしたら公益法人がある。それでいきまひょとなった」

話を聞く限り、小西と大阪市の担当者が話し合ったことになっているが、事実は異なる。

「西中島駐車場について」という大阪市のマル秘文書がある。この文書によると、一九七三年（昭和四八）八月、大阪市と部落解放同盟飛鳥支部との交渉の席で、小西から中高齢者雇用対策ならびに老人福祉対策の一環として、高架下の土地を駐車場として利用したいとの要望があったことが記されている。同年十月、小西は市に対し、事業の着手を急かしている。駐車場の開設は、最初は支部との交渉の席で出た議題だったが、以後は小西個人が開業を催促していた。支部単位ではなく、自分の事業にしようとしていたのである。

市側は同和対策部（以下、同対部とも表記）、土木局、民生局で協議し、以下の結論を下した。文書からそのまま引用する。（ ）内は引用者の註である。

（駐車場の運営）方法について色々検討したところ、場所が同和地域外であり、諸般の事情を勘案した場合、同和対策事業として表向きには対処できないので（中略）開発公社のご協力を得て（中略）公社が管理委託先として財団法人飛鳥会を利用することを最上の策であると決定した。

「諸般の事情を勘案」「表向きには対処できない」という文言に、市側の苦渋がうかがえる。市の事業ではなく公社の管轄とし、委託先に財団法人を指定することでなんとか小西を納得させることはできたが、これは「最上の策」というよりは「苦肉の策」であろう。

後に詳しく述べるが、同対事業で飛鳥地区内を区画整理する際、小西は支部長として住民の意見をまとめる役割を果たした。なにせ当時は一千世帯近くが住む地区内を、ほぼ全面的に公営住宅に建て替える大事業がおこなわれていた。地区内には金田をはじめ組関係者もいた。市当局にとって彼らを含む住民をまとめる小西は、頼りになる存在であった。そんな事情もあって、市は駐車場の運営を任せてほしいという小西の要求に「ノー」と言えなかった。

市の文書に出てくる財団法人飛鳥会（以下、飛鳥会）についても説明しておきたい。

飛鳥地区では、戦後間もなく町会が中心となり、「文化の向上と福祉の増進及び相互の親睦を図ることを目的」として飛鳥会が設立された。青年団の復活やヒロポン追放などの活動を経て、一九六〇年（昭和三五）、共同浴場（パール温泉）の完成を機に社団法人化された。パール温泉の運営が主な活動で、地元の名士・実力者が代々理事長を務めた。一九七一年（昭和四六）に財団法人化され、一九八三年（昭和五八）に小西が理事長を引き継いだ。

大阪市はこの組織であれば、駐車場の管理を委託しても問題はないであろうと踏んだわけである。

対市交渉から一年後の一九七四年（昭和四九）、西中島駐車場はオープンする。工事費は公社が七百万円、市が二千二百六十万円を負担した。市のマル秘文書には、前者の数字の横に「公表」の文字、後者のそれには「㊙」が記されている。駐車場の建設は、当初から市にとって、後ろめたい予算計上であった。

駐車場は東海道新幹線新大阪駅までの送迎サービスが奏功し、次第に繁盛する。ちなみにこのサービスは、小西の発案だったという。

当初、飛鳥会は市に対して、収容限度は九十台と報告していたが、その後、市の調査で二百台余りが駐車でき、年間約二億円の売り上げがあることがわかっている。

当初は地域の中高齢者雇用対策として、飛鳥支部から市に提案された駐車場事業だったが、飛鳥会事件が起こるまでの三十年余り、飛鳥地区の住民が雇用されたことは一度もなかった。従業員の募集はいつもスポーツ新聞の求人欄で、小西は私に「その当時、同対事業の就労保障で仕事はあったから、飛鳥の人間を雇う必要なんかなかったんや」と語った。この発言は、中高齢者雇用対策とは名ばかりであったことをはからずも吐露している。市当局も、誰が雇用されているのかチェックしていなかった。

それほど市は、小西邦彦という人物を恐れていた。

だが、その小西にも恐れている人物がいた。親分の金田三俊である。複数の関係者の証言によると、日銭が入る駐車場経営の売り上げのほとんどは金田三俊に渡っていたという。小西自身も後に飛鳥会事件で主任弁護人となる渡邊淑治《わたなべよしはる》にその事実を語っている。

なぜ、小西は売り上げを金田に譲渡したのか？　両者をよく知る、ある人物は「そら、サンズイさんに支部長にならしてもろたんやから。なんといっても飛鳥は、あの人（金田）の縄張りやもん」と語った。飛鳥の主は金田であって、小西はその手下に過ぎない。小西の稼ぎは親分のものになる、とその人物は言い切った。

小西を取材するにあたり、何人かの組関係者に会った。小西が金田に駐車場の売り上げを毎月渡していたことについて尋ねると全員が「ヤクザの世界はそんなもんや」と誰も驚かなかった。子分の稼ぎは、親分の稼ぎになるという。「ただ、サンズイさんはやり過ぎたけどな」と誰もが付け加えた。

「ヤクザをやっていることが、自分で思うほどいい世界ではなかった」

小西が飛鳥会事件の公判でそう語ったのは、精神的にも経済的にも親分に支配されていたことに嫌気がさしていたからではなかったか。

小西は親分の命令には服従した。金田は飛鳥から数十キロ離れた茨木《いばらき》市内でパチンコ店を経営していた。西中島駐車場がオープンしたころ、金田経営のパチンコ店の近隣に、同業者が新装開店することがわかった。金田は、小西に開店を阻止するよう命じる。小西とともに開店阻止工作に携わった飛鳥支部員が、当時を振り返る。

「小西さんが『工事のダンプがどこから来てるか、後をつけ』言うから、車に乗って一日中、ダンプのケツをついてまわりましたがな。ダンプの置き場所を確認して、次の日『○○まで帰りよりますで』言うたら『よっしゃ、そこ、行こ！』。その日に決行ですわ。夜中にフェンスを乗り越えて、ダンプのガソリンタンクの中に砂糖をぶちこんで、使われんようにしました。まあ結局、パチンコ屋はオープンしましたけどな。金田さんの命令には、さすがの小西さんも『それはできません』とは言えませんでした」

ちなみにこのとき、小西はすでに飛鳥支部の支部長になって五年以上が過ぎていた。証言してくれた共犯の飛鳥支部員は、小西の伝手《つて》で採用された大阪市の職員である。

小西は支部長として飛鳥地区の顔にはなっていたが、そのバックには絶対的なボスがいた。

ボスの存在が、あまりにも大き過ぎたのであろう。金田の束縛から逃れるため、小西は左手の小指を自ら切断している。それがおこなわれたのは、同和対策事業によって一九七五年（昭和五〇）に開館した大阪市立飛鳥解放会館の館内だった。

事の発端は、金田が仲間の組長から聞いた小西に関する情報だった。金田と小西をよく知る山田昭夫（仮名）が断指に至った経緯を語る。ちなみに山田は昔も今も堅気の人間である。

「発端は山口組の直参（直系組長）の集まりで、サンズイさんが『おたくにえらい羽振りのええ男がおるらしいな。今度、北新地でサウナをオープンして派手にやっとるらしいやないか』と言われたらしい。サンズイさんは、それを知らんかった。俺の知らんところで勝手なことをしやがって、お前のやってるやつ（事業）は全部、俺のもんやと言い出した」

後に詳しく述べるが、小西は一九七〇年代半ばには、すでに実業家として金まわりがよくなっていた。サウナのオープン記念のパーティーは、小西と知り合いの組長を通して交遊があった勝新太郎や菅原文太らの芸能界をはじめ、プロ野球界、角界から有名人が多数参加し、盛大におこなわれた。

駐車場の売り上げを親分に上納していた小西は、これ以上、搾り取られては堪《たま》らないと思ったのであろう、金田にはサウナのオープンを知らせていなかった。当然、パーティーにも招待していない。後にそれを知って激怒した金田は、小西が常駐していた飛鳥解放会館に乗り込んできた。

関係者によると、金田は小西と当時の解放会館の館長を近くの空き地に連れだし、どやしつけた。サウナの開店には何の関係もない館長はいい迷惑である。

親分が去った後、小西は解放会館内の印刷室で、紙を裁断する大型カッターで自ら指を切り落とした。サウナのオープンを知らせなかった詫びと、組を抜ける意思を示すためだった。事情を知る地元住民が語る。

「カッターで指を詰めたら、部屋中が血だらけになるやん。それを（部落解放同盟飛鳥）支部の常任のおばちゃんが掃除して、指は薬の瓶に詰めた。俺は見たわけやないで。その日、解放会館に行く用事があって、『なんや今日は雰囲気が違うやん』て聞いたら、そういうことやった」

その当時、解放会館に勤務していた大阪市の職員は、「カッターで指を切る、ガタンという音がしましたからね。何かなと思たら、そういうことやった。僕だけやなしに、（血だらけの部屋を）見た人は他にもたくさんおりましたからね」と語る。

小西は自分で切断した指を持って金田のもとへおもむく。再び金田と小西の二人をよく知る山田の証言。

「サンズイさんのとこへ指を持って行ったけど、『こんなもん、犬でも食わんわ』言うて、ポイと捨てられた。あの人にしたら若い衆を放したくない。他の若い衆の手前もある。『ほな、わしも辞める』となるから。

そのあと、指に包帯を巻いてわしのとこに来た。『サンズイさんと話してくれへんか』言うから『仲ようしたってえな』と電話した。組のことはようわからんけど、できるだけ小西の話を聞いたってえな。サンズイさんは、初めは怒っとったよ。『組のことに口出しせんとってえな。わしの若い衆やないか』と。それでもお願いしたら『山田さんがそう言うんやったら、いっぺんうちへ来さしてえな』言うから、小西に行かせた。けども居留守つかわれた。またサンズイさんに電話かけたら『いや、来てないよ』。小西はわしに『迷惑かけたらあかんから、自分でやってみる（かけあってみる）』と言うとった」

小西は断指後、二度も手術を受けた。大の酒好きである小西は、夜になると手術後の痛みをこらえながら、あおるように呑んでいたという。

自分の指をさし出してまで詫びを入れ、組を抜けることを意思表示したが、結局金田はそれに応じなかった。二人の関係は、それ以後も続く。痛い代償を払ったものの、小西はヤクザの世界から一生抜けきれなかった。

金田組の組員を続けながらも、小西は部落解放運動に真面目に取り組んでいた。

全国水平社以来の長い部落解放運動の歴史の中で、一九七〇年代は最も運動が全国的に高揚した時期であった。

同対法施行の前後に全国で部落解放同盟の支部が設立され、同盟員は十万人を超えた。就職や結婚など様々な場面において部落差別はいまだ色濃く残っており、部落解放同盟はそれらに対して糾弾闘争を繰り広げた。その代表的な闘いが、狭山《さやま》差別裁判反対闘争である。小西もまた、その真っ只中にいた。

一九六三年（昭和三八）、埼玉県狭山市内で女子高生が殺害された。警察は近くの部落に住む石川一雄（当時二十四歳）を逮捕する。一審で死刑判決が出るが、自白や証拠物をめぐって争われた二審で、石川は警察が虚偽の自白を強要したとして無実を訴えた。

一九七四年（昭和四九）、東京高裁は、無期懲役判決を下した。部落解放同盟は、貧困と差別ゆえに学校に行けず、満足に文字も書けなかった部落民を犯人に仕立て上げたとして、現在に至るまで石川の無実を訴えている（その後、最高裁に上告したものの棄却され、本人は一九九四年に仮出獄した）。

東京高裁の無期判決が出る直前に、部落解放同盟が東京・日比谷公園で開いた完全無罪判決要求中央総決起集会には、全国各地の同盟員をはじめ支援者ら約十一万人が集結した。無期判決後の一九七六年（昭和五一）には、全国十九都府県の千五百校の小・中・高校生約十万人が同盟休校を敢行した。いずれも部落解放運動史上最大の動員である。

同年、部落解放同盟大阪府連の有志は、旧大阪市役所前などで四日間のハンストを決行する。その中に、四十三歳の小西もいた。当時、飛鳥支部の青年部員だった人物が証言する。

「ハンストは急にやったら体の調子を悪くするから、徐々に食事を減らしていかなあかん。一週間くらい前にハンストの参加者が集まることになってたんやけど、小西さんは来なかった。府連の執行委員やってたから、ハンストをやるとは言うたものの、はったりちゃうんかなと思った。そしたら、一日前にあらわれた。びっくりしたわ、あのときは。市役所前に見に行くと、ちゃんと（ハンスト）やっとった。やる、言うたらやるよ、あの人は。ハンストには、その当時、小西さんがよく行ってたアルサロから毎晩、女性が応援に来てた」

アルサロとはアルバイトサロンの略称で、現在のキャバクラのようなところである。生死をかけたハンストに、色香ただよう女性が応援に来ていたというのも、酒好き・女好きの小西らしいエピソードである。ちなみにこのころ、小西は離婚して数年が経ったばかりだった。

ハンスト終了後、食事を含め生活を徐々に日常に戻すため、参加者は細心の注意を払わなければならない。しかし小西は、ハンスト終了と同時に「呑みに行こ！」と側近を誘い、夜の街に出かけている。

そんな軟派な面もある一方、運動に関しては硬派を貫いた。飛鳥支部の元青年部員が活動家・小西について語る。

「とにかく運動に関しては、ものすごく勉強してはったからね。僕も長年、支部活動をやってたから、（小西）支部長の殴り書きの字でも、だいたい読めるようになった。『これ清書せえ』とかよく言われた。支部大会の方針は全部自分で書くんですよ。そこは自分の責任でやらなあかんと思てたんと違うかな。支部大会のとき、方針の部分だけ抜粋して冊子にして配ったりもしてました。子ども会の記念誌とかにメッセージを書いて欲しいいて頼んだら、絶対に書いてくれましたからね」

支部の文書などは、通常は書記長やスタッフに任せることが多いのだが、小西は自分でペンをとった。部落解放同盟中央本部や大阪府連の方針に沿って書くのだが、それなりに学習していないとつづれない。

狭山事件に関して、小西は早い段階から裁判の趨勢を予測していた。ある支部員によると小西は「おい、お前ら、あれは何年経っても絶対無罪にはならんぞ。この問題は難しいぞ」と明言したという。権力がいったん下した判断は、メンツを守るため、よほどのことがない限り覆らないことを小西は看破していた。

「石川さんは仮出獄したけど、いまだに無罪になってない。小西さんの言った通りですやんか」とその支部員は言う。組織のトップ、とりわけ運動団体のそれは、お飾り的な存在であることが少なくないが、当時の小西は、名実ともに部落解放運動のリーダーであった。

「小西さんは、いろんなつながり（ヤクザ）はあったにしても、みんなをまとめて引っ張っていった。支部長としては尊敬してます」

飛鳥会事件後に取材した飛鳥支部員は、そう断言した。

小西は自分の出身部落を何かと気にかけた。部落解放同盟日之出支部の創設メンバーの一人で、大阪府連の組織部長を務めていた山中多美男は、一九七〇年代半ばに小西からある相談を受けている。

「小西さんがね『多美さん、高槻のうちの部落《ムラ》があかんねや。いっぺん指導したってくれや』と、こういう話でね。『よろしおまっせ』ということで乗り込んでいったんです」

当時、同対事業の一環として、低所得世帯を対象に、何らかの事業を開始、または拡充する際に資金を貸し付ける制度があった。この資金を返済しようとしない者がいた。中には何度も借りて踏み倒すケースもあった。

「僕が部落《ムラ》へ入っていって、お金を借りてる人と、一人ひとり面談をして、借りたもんは返さなあかんということで一筆書かせた。取り立てる側の役所にも、支部の一部の役員との間でナアナアになってる部分があったんで、ルーズなことをしてたらあかんと。行政と運動側に厳しく対応するように指導してたんですよ。

そんな僕のやり方に不満を持つ者《もん》がおりますやんか。ヤクザかどうか知りませんけど、荒っぽい男がおってね。小西さんはそういう連中から守ってくれた。彼の実家があったから、そこへ避難させてもろたりしました。僕らのやってることを『これがほんまの解放運動や』というふうに小西さんは言うてはったし、それを地元にもきちっと定着させようということで、彼はものすごく頑張ったんですよ。支部の幹部にも『お前ら、山中の言うことを聞け』というふうに言うてくれました。だから非常に助かりましたよね」

助かったのは小西の方であろう。故郷は離れたが、地元の役に立ちたいという思いはあった。

一九七〇年代の同和対策事業の進展は著しかった。大阪市の一九七五年（昭和五〇）の同対事業予算は、三百七十五億円で、単純計算すれば、一日一億円以上である。一般会計に占める同対予算は、六・八五％にのぼった（その前年は七・六四％）。ちなみに大阪府の同年の同対関連予算は二百七十億円だった。

長屋やバラックが櫛比《しっぴ》していた飛鳥地区は、同対事業によって大きく変貌していった。以下、小西が支部長に就任して以降の同対事業の十年を列記する。

六九年（昭和四四）妊産婦対策として出産費用を獲得
保健婦による妊産婦の巡回検診を実施
七〇年（昭和四五）飛鳥住宅一号棟、北住宅一・四号棟が完成
貧困のため就学できなかった中高齢者を対象に識字学級を開設
七一年（昭和四六）日常学童保育を開始。飛鳥住宅二号棟が完成
七二年（昭和四七）市立あすか保育所が開所
寝たきり・独居の高齢者十九人宅に電話を設置。同時に相談事業を開始し、高齢者を訪問するヘルパー制度を確立
七三年（昭和四八）就労保障と教育活動の普及・拡充を兼ね、子ども会指導員や保育所の現業員、ホームヘルパーを採用
七四年（昭和四九）飛鳥地区消費生活協同組合を設立
飛鳥西住宅一号棟が完成
高齢者の憩いの場として吹田市にあすか菜園を開園

老人憩の家を開設
七五年（昭和五〇）　飛鳥解放会館がオープン
七六年（昭和五一）　子ども会活動の拠点として飛鳥青少年会館が完成
七七年（昭和五二）　飛鳥西住宅二号棟が完成
七九年（昭和五四）　地元住民の買い物はもとより他地区の消費者を呼び込むことを目的としたショッピングセンターが完成
身障者・高齢者向け住宅が完成

一九七〇年代は、ほぼ毎年、何かの事業が始まり、また完成している。これらの事業の多くは、大阪市内の他の部落でも実施された。

次々と建設された飛鳥住宅は、すべて市営団地である。三畳、六畳、四畳半の3DKの間取りで、家賃は月八百円だった。保育所もほぼ同額である。

同対法の施行後、生活することに関しては、部落は至れり尽くせりの〝解放区〟であった。無論、小西率いる飛鳥支部や大阪府連市内ブロックの対市交渉があったからこそである。部落解放運動が、スラム然とした地域を大きく変えた。

その一方で、周辺地域の住民からは「なんで、あそこだけ」という妬《ねた》み意識を生んだ。飛鳥地区の地元住民は、それらの妬みに対して「わたしらはそれを求めて夜も昼も運動してきた。その成果や。それが欲しかったら運動したらええねん」と反論した。家賃やその他の施策は、その後、収入に応じて払う応能応益システムに変わっていく。

小西が飛鳥支部長として根城にしていたのが、一九七五年(昭和五〇)に完成した大阪市立飛鳥解放会館である。解放会館は市の条例(大阪市同和地区解放会館条例)によって市内の十二の部落に建設された。

一九七〇年(昭和四五)に市議会で条例が可決されたとき、同対事業に携わったことがある大阪市の幹部の一人は、「解放会館」という名称に「大阪市はそこまで運動団体に洗脳されたのか」と驚き、かつまた落胆したという。確かに公共の施設に「解放」と名がつくのは、浮世離れしていると言えなくはない。見方を変えれば、それだけ部落解放同盟が大阪市に対して力を持っていたということであろう。

飛鳥解放会館には一九七五年(昭和五〇)の開館時、館長を含め九人の市職員が常駐していた。彼らのうちの何人かは、同対事業が本格化する前から、土地買収などで飛鳥地区とかかわりがあった。とりわけ飛鳥解放会館の歴代館長は、用地買収に従事した市職員が少なくなかった。

大阪市に対する小西の影響力は絶大だった。飛鳥会事件の発生後、新聞は小西が市職員に対してアメとムチを使い分けたと報じたが、あながち間違ってはいない。地元から採用された元市職員は、一九九〇年代初頭にとんでもない光景を目にしている。

「支部長に用事があって、勤務時間外の遅い時間に、支部長室に行った。ドアは開けっぱなしで、部屋に入ろうとしたときに、支部長が市の民生局長に殴りかかろうとしてた。部屋には二人だけしかいなかった。びっくりした。局長は『待ってください。話を聞いてください』と言うてた」

後述するが、小西は一九九〇年代半ばに特別養護老人ホームの経営に乗り出す。時期的に見てその案件で小西は立腹し、局長に殴りかかろうとしたのではないか、とその元市職員は推測する。

本庁から出向いてきた局長に殴りかかろうとしていた――考えられないほどの狂暴性である。実行に及べば、刑事事件になっていてもおかしくない。証言してくれた元市職員によると、解放会館内では、小西が誰彼なしに怒鳴る声がよく聞こえたという。

このような「ムチ」を振るう一方、「アメ」も用意していた。

小西は飛鳥解放会館内の市職員の人事権を握っていた。人事異動の時期になると、本庁の同和対策部の幹部が飛鳥解放会館を訪れ、小西に館内人事のうかがいをたてていた。小西は自分に従順な職員は、館長などの管理職に取り立てた。また、お気に入りの市職員は、退職後も小西が設立した社会福祉法人（後述）の理事や飛鳥会の監事に迎えるなどして面倒を見た。中には自分の娘を小西が経営する社会福祉法人の事務員に採用してもらった元館長もいた。ちなみに小西だけでなく他の部落でも、解放会館の人事に地元の意向が反映されることはあった。

小西は大阪市職員の採用に関しても絶大な権限を持っていた。

就職差別や不安定雇用を解決するため、一九七〇年代以降、関西の各自治体は、部落住民の優先雇用を実施する。運動団体が地元住民を推薦し、清掃員や学校用務員・給食調理師など、主に現業職に採用された（大阪市の場合は、運動団体枠に加えて、労働組合枠、市会議員枠もあった）。

二〇〇〇年（平成一二）に大阪市が実施した調査によると、飛鳥地区内で官公庁に勤務する者は三十六人で、全就労者の一〇%を占めていた。大阪市全体では四・四%なので、二倍以上の数字である。

飛鳥地区では支部長の推薦があれば、よほどのことがない限り市職員に採用された。小西の場合、飛鳥の住民に限らず、故郷の高槻市やその周辺自治体（摂津市）にも影響力があった。高槻市在住の住民が実情を語る。

「あの人が言うたら一発です。履歴書持って行って一週間ほどしたら入ってる。僕の知ってる人なんか、五十歳くらいで入った。親戚の面倒は、ほとんどあの人が見た。同盟のええとき（勢いがあるとき）は、ようけ役所に入れてますわ」

小西は故郷の身内や関係者を大阪市に採用させている。小西の実兄、甥、姪の夫などである。親戚からも相手にされなかった暴れ者は、運動団体の幹部になり、一転して頼られる存在になっていた。

大阪市内には十二の部落があるので、採用に関して市当局に影響力を持っていたのは、何も小西だけではない。だが、大阪市のみならず他の自治体にも口利きができた人物は、そう多くはいない。

小西は押しの強い人間で、大阪市を思うままに利用はしたが、その逆もあった。

二〇〇六年（平成一八）に大阪地裁でおこなわれた飛鳥会事件の公判で、小西と付き合いの深かった建設関連会社の会長は、弁護人の問いかけに次のように答えている。（ ）内は引用者の註である。

——市職員が頼みごとに来ていたのを知ってますか？

「はい、よく知っています」

——具体的には？

「僕が直接、関係した工事です。上六《うえろく》（大阪市天王寺区上本町六丁目）の上汐《うえしお》という駐車場の建設を中堅のゼネコンが受注したことがありました（一九九九年にオープン）。ところが一年半ほど着工できずにおりました」

——工事の施主は？

「大阪市です。道路公社です。地元の反対と、その裏に同和がついとったのですが、どうしても着工できなかった。一年半も着工できないと工期が完全に延びてしまいますんで、業者としては契約を返上しないといかんところまできておりました。道路公団《ママ》の職員が相談に来ました。で、小西さんが地元と話して着工できるようになりました」

――市も同和との紛争解決に小西を利用した？

「僕から言わせたら、利用した方が多いんと違いますか」

後日、小西に確かめると次のような答えが返ってきた。

「たまたま（反対運動をしている人間の中に）うちの出の人間（部落出身者）がおった。役所の人間が相談に来た。わしは地元の人間に『どこまで反対するねん。お前とこに重機で乗り込むぞ』と言うた。そしたら『せめて駐車場建設の反対運動する費用を出してほしい』言うから、それなりの金を渡した」

反対運動は、そもそも金銭が目的であったのだろう。このように小西は市の用心棒の役割を果たしていた。

小西は市側の依頼を受け入れ、ある市職員を飛鳥解放会館で引き取ったこともある、と私に語った。

「よその解放会館でどうにもこうにもならん奴を、本庁の同和対策部が『預かってほしい』と言うから『うちへ連れて来い』となった。固有名詞を出したら、今生きとるからかわいそうやから言えへんけどな。どうにもこうにもならん職員やけど、市はクビにはでけへんのやから。うちへ来たらネクタイ締めておった。そこから人間、ちょっとましになった」

若かりしころは何度も刑務所に入り、取材した時点（二〇〇七年）で飛鳥会事件により有罪判決を受けていた小西が、問題があったとされる職員を「人間、ちょっとましになった」と評するのは、ブラックユーモアがききすぎて、聞いていて吹き出しそうになった。

ともあれ大阪市は、もてあましていた職員の引き取り先を小西に依頼していた。頼まれたら断りきれない性格の小西は、それを引き受けた。小西がその〝貸し〟をどこで取り戻したのか、はたまたボランティアだったのかは定かではないが、両者が持ちつ持たれつの関係であったことは確かである。

ある大阪市同和対策課の元幹部は、一九七〇年代半ばに小西がいた飛鳥解放会館にかくまってもらったことがあるという。元幹部が証言する。

「市内の支部の中には、理屈の通らんことを言うて来る奴がおるでしょ。そんな飛び跳ねた支部をおさえるために、何とかしてくれと小西さんに言いに行ったことがありますわ。おさまりましたよ。小西さんが言うと、解放同盟の他の支部の連中もおさまったですな。そりゃあ暴力団ですから。そのときは暴力団としての顔を出しよるんですな。あるとき、その飛び跳ねた支部の連中が市役所に来てね。職員から『逃げてくれ』と言われて、飛鳥へ逃げたこともありますよ。そこやったら絶対に追いかけて来よらへんから」

小西は行政の意を受けて、部落解放同盟内の「飛び跳ねた支部」を抑え込んでいた。小西が牙城にしていた飛鳥解放会館は、市幹部にとって〝過激派〟から逃れることができる〝駆け込み寺〟であった。行政側にすれば、小西は利用しがいのある頼れる支部長だった。

市幹部との関係は、トップの市長にまで及んだ。一九七〇年代初めに小西の引きで大阪市の職員になったある人物は、小西がらみの案件で大阪市役所の市長室を訪れたときのことが今でも忘れられないという。

「支部長が『これ、市長に渡しとけ』と言うから、市役所に書類を持って行ったんですわ。亡くなった磯村（隆文）さんが市長のときでした。あの人は私が行っても『これはこれは、小西さんとこの……ご苦労さんです！』とおっしゃった。帰りは一階のエレベーターまで送ってくれました。私が『市長、わざわざけっこうですから』と言うても『いやいや、下まで送らせてもらいます。支部長によろしゅう言うといてください』。こんな感じでした」

名前が出た磯村は、大阪市立大学教授から一九九〇年（平成二）に大阪市助役に就任し、一九九五年（平成七）から二〇〇三年（平成一五）まで二期、市長を務めた。おそらく助役時代に小西と同対事業関連で顔見知りとなり、市長就任後も付き合いが続いていたのだろう。

大阪市の顔である市長が、本人ばかりではなく側近まで丁重にもてなしていた事実は、小西が大阪市行政の中で重要人物であったことを物語っている。

部落解放運動が高揚した一九七〇年代。飛ぶ鳥を落とす勢いの運動団体を行政はどう見ていたのだろうか。小西と接点を持つ、元大阪市同和対策部の幹部が語る。

「運動団体は交渉の席で、大阪市は差別行政をやってきたと主張してましたが、劣悪な状態に手をつけたら、なんぼ金かかるかわからんぞ、というのは頭にあったかもわかりませんね。まあ、交渉はどれだけ値切るかですわ。ナッシング、ノーでは通らなかったですな」

部落解放同盟は、何かと言えば「それ、差別やないか！」というセリフを発し、行政を追及したという。一方、様々な要求はどれだけ値切るかだ、と言い切る元市幹部。どっちもどっちの話ではある。元幹部の話を続ける。

「僕もこのこと（同和行政）をやらないといかん、とは思わなかったですね、正直言うて。部落の実態はひどいな、とは思ってたけど、なんとかしよう、というとこまではいってなかった。法律（同対法）ができて、市に同和対策部ができた。それで同和対策に相当全力をそそがんならんという意識が広まった」

実際は、同対法が施行される前の一九六六年（昭和四一）に、大阪市同和対策部は設置されている。

「解放同盟との交渉の中で、いろんな約束をさせられました。まず、住宅をなんとかしろと。それから道路とか奨学金。同和対策部に異動して、ある解放同盟支部の交渉に行った。これはすごいもんやなあと思いましたね。施設をつくる約束をしてるのに用地買収をしてない。どうするんだということで責められまくった。そりゃもう往生しましたですね。解放同盟も積年の恨みを晴らさんといかん、取り戻さんといかんという思想があったんでしょうな」

そう言うと、部落解放同盟との交渉のつらさを語り始めた。

「各支部との交渉がセットされますよね。夕方六時くらいからです。解放会館に行くんですけど、僕は思いましたで。屠場に引かれる牛みたいやなあって。殺《や》られるのをわかってても行かないかんのかなと思ってね。そういう気持ちだったですな。あのときの気分というのは、経験せんとわからんですね」

ちなみに「屠場に引かれる牛」という表現は、かつて一部の食肉関係者から、牛にはできるだけ苦痛を与えないよう最大限の努力はしているので問題であると指摘されたことがあるのだが、敢えてそのまま引用した。

「いや、怖いうんですかねえ……そうですね、怖いうのもあったかもわからんですね。交渉で怒鳴りあげられたり、『ええ返事するまで立っとけ』と言われたりしましたね。なんで立たないかんのやと思たですけどね。結局、それに抵抗できなかったですね。

交渉が済んだら、一目散に帰るわけですよ。そこ（解放会館）におったら、何を言われるかわからへんから。で、交渉に行った職員だけで、安い一杯呑み屋で憂さを晴らすんです」

交渉は、大勢の支部員が参加した大衆団交だった。ときには怒号、罵声が飛び交う中で、行政職員の鬱憤は蓄積されていった。

この元同対部幹部に対するインタビューは、飛鳥会事件発生の約一年後（二〇〇七年）におこなった。当時はこの事件をきっかけにして、マスコミでは同和行政の見直しや、いわゆる同和利権の追及が話題になっていた。元幹部は最後にこう語った。

「今でこそ、こういうムードの中で、なんで市政改革をせえへんかったんやと言えますけどね。当時としては、それは言えなかったですよ。でも、大阪市を蝕む最大のガンは同和行政やと、心ある職員はみんな思てた。僕も思てました！　はっきり、思てました。なんとかせないかんとも思てました。

僕は同和対策課に行ってから、随分市会議員をまわって『(市議会で) こういうことを質問してくださいよ』と頼んでたんですよ。要は同和行政に対する批判を議会で大々的にやってもらわなあかんと思たんです。ところが新聞、プレスは全然取り上げへん。共産党は市議会で質問したりするんですけど大勢にはならん。同和行政を批判してきたのは共産党やけど、広く支持を得えへんやないですか。あんだけええこと言うてるのに、なんで支持を得えへんのかと思って……」

そう言うと、党利党略だけしか考えない共産党の閉鎖性と、同和行政批判に限らず、財源を考えずに政策を批判する楽天性について語るのだった。

大阪市を蝕む最大のガンは同和行政と断言する同対部の元幹部の話を聞いて、私は驚きを隠せなかった。なぜならこの元幹部は、部落解放運動の理解者として運動団体からの信望も厚く、だからこそ彼が当時の運動をどう見ていたかを聞きに行ったからだった。

その彼から、あろうことか激越な部落解放同盟批判の言葉が出るとは想像もしていなかった。外向きには運動に対して理解を示しつつ、腹の中では忌み嫌っていた。見方を変えればこの元幹部を部落問題のよき理解者として信頼していた運動団体のメンバーは、騙されていたわけである。私はあらためて行政マンのしたたかさを痛感したのだった。

同対法という法的後ろ楯を得て勢いを増した部落解放運動は、小西邦彦に典型的に見られるように、行政に影響力を及ぼしてきた。行政も組関係者の小西を用心棒として利用した。

しかし運動側も行政側もその代償を飛鳥会事件で払うことになる。

第三章　銭の花

小西は生涯にわたって正業に就いたことがない。だが、部落解放同盟飛鳥支部長に就任後は、毎月十四万五千円の〝給与〟を受け取っていた。その出どころは、大阪市の同和対策事業関連予算をプールした金の一部だった。高齢者の就労保障、ヘルパー派遣などの人件費の一部が、大阪市同和事業促進飛鳥地区協議会（後に飛鳥人権協会と改称）の職員や飛鳥会の事務員、さらには小西の給料となった。この方式は、大阪市内の一部の部落解放同盟支部でもおこなわれていた。

ちなみに飛鳥人権協会や飛鳥会の職員の給与は、小西と同じ十四万五千円で、新人であろうがベテランであろうが同じ額だった。

「わしの給料は、月十四万五千円や」

小西は呑み屋やクラブで、従業員やホステスに対していつも冗談めかしてそう語っていた。

だが、それだけの給与では、第一章の冒頭で記したような相撲部屋のタニマチは到底務まらない。

小西はいったい何を生業にしていたのか？　小西が飛鳥支部の支部長に就任する前から付き合いがあった、ある不動産業者が語る。

「小西が支部長になってから、ここには道ができる、ここには住宅が建つという具合に（地区内の事業計画が）わかるようになった。最初に小西は地区内の土地を千七百万円で買《こ》うた。それを転売したら三千万円くらいで売れた。そこからあいつは金の味をおぼえたわけや。

小西が金田組に出入りしとったころは、大した金を持ってないから、あいつのポケットに一万円を入れてやったこともあった。呑みにも連れて行った。小西が別の件で転売して儲けたときに、今までかわいがってもろたから言うて、何千万か持ってきたことがあった。その金で北新地（大阪市北区にあるクラブなどが集まった飲食店街）に行って遊んだ」

悪銭身につかず、である。使い方はともかく、同対事業による飛鳥地区の開発で、小西の懐に、これまで見たことがないような莫大な金が入るようになった。

このような土地ころがし以外にも、区画整理で地権者と市の間に立ち、交渉をまとめて利ザヤを得ることもあった。小西本人の話。

「市の査定が仮に百万としいな。たとえ話やで。市の担当者に言う。『おい、もうちょっと出してや。ここ、大黒柱ええのん立ってるやないかい。屋根はトタンと違う、瓦や』と。そしたら最初の百万が百十万になる。『支部長、ありがとう。これ、タバコ銭にしてんか。一杯呑んでんか』言うて、五万でも十万でも持ってくる。それをわしがもろて、何が悪いねん」

同対事業で完成した市営住宅に、どの世帯を入れるかについても、小西が差配していた。

「入居する裁量は、支部長のわしにあるわけや。五人家族で子供が三人おって、上の子は大きい。家族で雑魚寝みたいなもん、させれへん。この家族には部屋数が多い住宅を与えないかん。当たり前やがな。そのお礼をもろて、なんで悪いねん」

区画整理事業での交渉仲介や住宅入居の便宜で謝礼をもらうことに対して、小西はまったく悪びれたところはなかった。

部落内の市営住宅に入るには、同対事業を請け負う組織を通して申請しなければならなかったが、一九八〇年代に直接小西に頼むと七十万円で入居できたという（『朝日新聞』二〇〇六年五月二八日)。

当時をよく知る部落解放同盟飛鳥支部の古参の活動家は、この数字はさほど間違ってはいない、と明言した。飛鳥地区には当時、一千世帯近くが住んでいたが、その何パーセントかが小西に袖の下を渡しただけでも、かなりの額になる。

このような運動団体幹部による口利きは、少なくない部落で見られた。しかし、同対事業に関係する金の出入りを一括管理し、地域のために役立てた支部があることも付け加えておきたい。

同対事業にかかわる施策は、住宅や道路建設の他に、企業・事業所支援にも及んだ。部落には日雇いなどの不安定就労が多く、事業所があっても零細がほとんどだった。『同和対策の現況』(総理府編、大蔵省印刷局、一九七三年)によると、一九七〇年代はじめの部落の事業所の割合は、商業・サービス業が五七%、建設業を含む工業が三八%を占めた。工業の業種別では、土木建設業が三三%、皮革履物が二三%、織物が一一%、機械金属が八%、竹・木製品が六%と続く。

部落の企業・事業所の従業員規模は、一~四人が八二%を占め、三十人以上はわずか一・四％であった。この数字からイメージできるのは、小さな個人商店か日雇い労働で日々糊口をしのぐ、典型的な下町の風景である。

これらの情況を打破するため、部落解放同盟大阪府連は、融資・税務対策を目的とした大阪府同和地区企業連合会（大企連、後に部落解放大阪府企業連合会と改称）を一九六七年（昭和四二）十一月四日に結成する。同対法が施行される二年前だ。日付を明記したのは、創立以後の運動側の動きを追うためである。

大企連には、大阪府内の部落の事業者から深刻な相談が寄せられた。例えば東大阪市の理髪店は、税務署に所得を過少申告したとして調査を受け「帳面を見せろ！」と命じられた。当時の理髪業組合の規定料金は五百円であったが、その理髪店は利用客の収入が低いため、三百五十円で営業していた。組合も半ば認めていた。税務署側は、店舗内の鏡や椅子、従業員の数などを勘案して課税しようとしたため、両者の間に齟齬《そご》が生じていた。

大東市の大企連会員は、療養生活でかさんだ借金を返済すべく、所有していた土地を売却した。税務署は、売買価格を圧縮していると疑い、調査に入った。売却した土地は部落内にあった。部落内は地価が安い。税務署側はそれを知らず、地価を安く見せかけて申告したのではないかと疑っていた。

いずれのケースも税務署側は、理髪店の売り上げや地価を一般的な基準で算定していた。つまり部落の生活実態や差別の影に気づいていなかった。

結成してわずか一ヵ月余り後、大企連と部落解放同盟大阪府連は、年の瀬も押し迫った十二月二十二日に大阪国税局と交渉を持った。約四十人の会員も参加した。

交渉の冒頭、部落解放同盟大阪府連幹部は、大阪国税局局長代理以下の幹部を前に、「同対審答申を読んだか?」と問い詰めた。部落問題が国民的課題であることを明記した政府の諮問機関の文書である。国税局の全幹部は、答申の存在さえ知らなかった。『大阪における部落企業の歴史と現状』(部落解放大阪府企業連合会編・発行、一九七八年)には、交渉の内容が次のように記されている。

> 我が方は前記の税務調査の被害者(理髪店主ら=引用者註)を立て、具体的事実を述べさせた上で追及をした。しかし日頃下僚を指揮して、苛倹《ママ》誅求をこととし来《ママ》た高級官僚も、この日は我々の納得の行く答弁は出来なかった。卑怯な逃げ口上に終始した。

税務官吏としては、激しいショックを受けたに違いない。1887年（明治20）に所得税法が制定されて以来、このような攻撃を受けたことは、はじめてではないだろうか。

六時間半に及ぶ交渉は、運動側にとってはさしたる成果もなく、次回に持ちこされた。以後、数次に及ぶ交渉が持たれた。大企連・大阪府連側は▽同和対策のための租税特別措置法の立法化▽従来の差別徴税を改めること▽納税者の申し立てを十分聞くこと、などを求めた。

新たに交渉に出席した国税局長や、管内に部落を持つ税務署長にも、同対審答申の中身について問うたが、「誰一人満足な答を出来なかった」（前掲書）。

最初の交渉からわずか一ヵ月余り後の一九六八年（昭和四三）一月三十日。約四百人の大企連会員が参加し、大阪国税局局長、部落を管内に持つ十七の税務署長との交渉が持たれた。五時間にわたる話し合いの結果、「大阪国税局長と解同中央本部及大企連との確認事項」が交わされた。要旨は以下の通り。（　）内は引用者の註である。

①国税局として同和対策措置法の立法化に努める。
②同和対策控除の必要性を認め、租税特別措置法の法制化に努める。
③企業連（大企業連）が指導し、企業連を窓口として提出される白、青をとわず自主申告については全面的にこれを認める。ただし内容調査の必要ある場合には企業連を通じ企業連と協力して調査にあたる。
④同和事業については課税対象としない。
⑤国税局に同和対策室を設置する。
⑥国税部内全職員に対し、同和問題研修会を行う。この際、講師については府同対室及び解放同盟と相談して行う。
⑦協議団（国税不服審判所）本部長の決定でも局長権限で変更することが出来る。

交渉は、運動側の要求が百パーセント実現したと言っても過言ではないだろう。

七項目の確認は威力を発揮した。確認の数ヵ月後、大企業連を通じて申告した会員（大阪府八尾《やお》市在住）に、税務署が調査に入った。大企連は確認書にある「内容調査の必要ある場合には企業連を通じ企業連と協力して調査にあたる」の項目を無視したとして、八尾税務署で、午後二時から午前二時まで十二時間にわたる激しい抗議行動を展開した。大企連を怒らせたら、えらいことになる。税務署関係者はそう考えたであろう。

七項目の中でも注目すべきは③である。税務申告をする際、大企連を窓口にすれば、その内容は問われない——仮に所得を低く申告しても、お咎めがないのだから、企業や事業主にとってこれほどありがたいことはない。

ある現職の税務署員が語ったところによると、大企連の会員であれば、一千万円の所得が三、四百万円に、二千万円の所得が五、六百万円に圧縮され、所得の三分の二が〝減免〟された。こうした例は大阪だけでも数千件あったという（『税務署をマルサせよ』比良次郎、GU企画出版部、一九九一年）。

大阪国税局の措置は大阪独自の判断ではなく、本庁も了解済みであっただろう。大阪の優遇措置は翌年以降、近畿、そして全国へと拡大される。

部落解放同盟大阪府連・大企連の運動は、〈部落の生活実態〉と〈国民的課題〉を武器に「税制史上その例を見ない」（前掲『大阪における部落企業の歴史と現状』）優遇措置を勝ち取った。

一九六九年（昭和四四）には、やはり同対審答申の精神に則り、低金利かつ長期的な安定的資金を供給する財団法人大阪府同和金融公社が発足した。かくして部落の企業・事業者は、資金や税務対策において強力な援軍を得た。

飛鳥においても、大企連が発足した同じ一九六七年（昭和四二）に、支部組織である飛鳥地区企業者組合が旗揚げされた。

税金対策は、どんな規模の企業であっても頭の痛い問題である。組合への加盟を求めて、飛鳥とは何の関係もない経営者が小西を頼った。

一九九七年（平成九）の調査によると、飛鳥地区企業者組合に加盟する五十二社のうち、事業所、自宅とも地区外にある、つまり部落とは直接関係がない事業者は二八・九％を占めている（『同和地区企業実態調査報告書』大阪同和産業振興会、一九九八年）。関係者によると、中には組との関係が深いフロント企業・企業舎弟も加盟していたという。

部落外企業の組合加盟について、小西との付き合いが長いある人物が、次のように証言する。

飛鳥解放会館の開館式典で挨拶する小西支部長（1975 年）

地元の高齢者と談笑する小西
（1990 年代後半）

著者のインタビューを受ける小西（2006 年）

「七〇年代の半ばころかな、ある人に頼まれて、大企連に入れてもらったお礼に六百万円を小西さんとこに持って行ったことがある。『領収書もらえませんか？』と頼んだら『何？　そんなもんあるか！』と言われた。大企連に入りたいから、みんなそうやって頼んでてん。本来は部落民やないとあかん。ところが違う人も入ってはる。そのときは金が要るわけです」

自分の裁量で六百万円がやすやすと手に入るのだから、小西にすれば、こんなにぼろい商売はなかっただろう。そのようにして得た金を小西が税務申告しなかったのは言うまでもない。

小西は足しげく通っていた大阪市北区にある飲食店街・北新地の事業主の税金相談にも乗っていた。小西本人の弁。

「人間な、わかりやすい話が、税金を百円払うのがええか、五十円でええかいうたら、五十円しか払いたくない。（税金のことで）新地の店からようさん頼まれたよ。国税やら税務署が来よるがな。こんなけ払《はろ》てもらわなあかんと言われる。ほな、わしの出番やねん。そんなん言うなと。うちの人間はどんぶり勘定でやってんのやないかと。ちょっとお目こぼしをしたってくれと」

小西が言う「うちの人間」は、飛鳥地区やそれ以外の部落出身者ではない。小西だけではなく、部落外の事業主もまた、同対事業によりかかっていた。

小西は国税局にも顔がきいた。飛鳥会事件報道で、事件が起こる前年の二〇〇五年(平成一七)に、衆議院議員で当時、国家公安委員長だった村田吉隆が、小西に会いに飛鳥地区を訪れていたことが報じられた。村田は同じ年に、小西が経営する福祉施設(後述)の開所式にも出席していた。

村田は大蔵省に入省後、一九八〇年代に大阪国税局に赴任し、調査部長などを務めた。このころに小西と知り合い、衆議院議員になったあとも交流を続けていた。

大阪の部落解放運動が、大阪国税局を動かし、税の減免措置を取りつけ、それが全国に広がっていったことは前に述べた。大阪国税局に人脈をつくっておけば、損はない――。小西はそう考えたに違いない。

村田が大阪を訪れた際には、小西御用達の料亭で接待するのが常であった。村田の私設秘書は小西の取り巻きの一人で、小西はこの人物のために妻や元組長らと一緒に健康保険証を作らせている(小西との付き合いを村田に確かめるべく事務所に連絡を取ったが、何か後ろめたいことでもあるのだろう、「そういった取材は迷惑です」とインタビューは拒否された）。

大阪国税局にとって小西は特別な存在だった。一九八〇年代初頭、小西と取引があった三和銀行淡路支店で次長を務めていた人物は、支店が国税局の査察を受けたときのことを語ってくれた。

「小西さんのことを調べに来たん違いますよ。別のことで来た。査察に立ちあってたんですが『これは何？』と聞かれたから『小西さんの資料です』と言うたら『あ、見んかった。見んかった』と。あれっ⁉とそのときは思いましたね。それぐらい国税は小西さんに神経を使ってました」

小西は大阪国税局管内だけでなく、関西から離れた地方の税金対策の相談にも乗っていた。四六時中、小西の近くにいた人物が証言する。

「地方にも税金で困っとる人間がおる。見たよ。富山県のパチンコ屋が三千万円を持って支部長に渡してたのを。『支部長、あれ何ですの？』て聞いたら『わかっとるやろ。税金（対策）や』と言うてた。大企連の加盟企業やなかっても、支部長が地方の税務署にひと声かけたら、五千万の税金が一千万になるがな」

大阪国税人脈が、こんなときに生きたのであろう。富山の企業が世話になっていたことから見ても、小西の税務ネットワークは全国レベルだったのではないか、とその人物は見ている。

小西は税金の他、同対事業関連の公共工事にも影響力を持っていた。

部落解放同盟大阪府連合会は、一九七〇年（昭和四五）に部落の建設業者の経営安定を図る目的で、大阪府同和建設協会（以下、同建協とも表記）を結成する。部落内でおこなわれる住宅や道路などのインフラ整備は、同建協の加盟企業が優先的に工事を請け負った。

小西は同建協内では絶対的な存在で、小西の鶴の一声で受注業者が決まった。受注した業者は落札額の三〜五％を小西に上納した。飛鳥地区だけに限らず、その周辺の工事も小西が仕切っていた。

同対法およびその関連法は、一九六九年（昭和四四）から二〇〇二年（平成一四）まで三十三年間続いた。奇しくも小西の部落解放同盟飛鳥支部の支部長就任から辞任するまで（一九六九〜二〇〇六年）とほぼ重なる。小西は、いわば〝同対事業の申し子〟であった。

この間、大阪市は同対関連事業に約六千億円を注ぎ込んだが、そのうち三割強が建設関連事業に投じられ、同建協の加盟企業が請け負った。無論、そのすべてを小西が仕切ったわけではないが、相当な額、少なく見積もっても数億円が小西の懐に入ったことは間違いない。

税金や公共工事の仕切り以外に、小西が支部長就任以前から死ぬまで生業としていたのが金融・貸金業や不動産取引である。いずれも無資格なので違法である。

飛鳥会事件の公判（二〇〇六年）で、検察官の問いに小西は次のように答えている（重複する内容等は割愛した）。

――金融では具体的にどうやって（稼いでいた）？

「金田組におったときに、多少の金銭援助をしてくれる人がございました。そういう中から借り手と貸し手の仲介をやっとったわけでございます」

――仲介をするだけで、なぜあなたが儲けることができるのですか？

「借り手の方は自分ではお金が借りれないと。貸す方も人を介して貸す方が税務署から睨まれないということから仲介ということがあるわけでございます」

——それでなぜ、あなたが儲かるんですか？　仲介しただけでしょ。

「そこには当然、利息の天引きというのがございます」

——暴力団関係者にも貸していた？

「はい。自分にお金を貸してくれる知人は、結局、暴力団にお金を貸すと自分では取り立てにくいと。そして自分はその当時、金田組の現役の組員だったので、自分を利用して取り立てを依頼してくるわけです」

——当時、利息制限法があったでしょう。そんなにたくさん儲けてはならなかったんじゃないですか？

「これはお言葉を返して悪いですが、私らには利息制限法は適用されませんでしたので、俗に言う十一《といち》の金でございます」

——高金利をとっていた、ということですか？

「はい、そうでございます」

法廷での検察官の質問に、自分には法律が適用されなかったと胸を張る被告も珍しい。「十一」とは十日で一割の高金利である。検察官の質問は続く。

——金融、不動産取引で収入を得ていたということですけど、年間どのくらいの収入になっていたんですか？

「当時、約四、五百万のときもあれば一千万を超すときもあったと思います」

——でもあなたは、そのような金額を税務申告してませんね？

「はい、してません」

——脱税していたということですか？

「はい」

——どうしてですか？

「そういうすべを知らなかったわけでございます」

このとき、私は傍聴席でやりとりを聞いていた。脱税していたのか？　というストレートな問いに、間髪を容れず「はい」と堂々と答える小西の豪胆さには驚いた。税務申告のすべを知らなかったという言いわけも、人を食った受け答えである。

このあと、検察官は具体的な土地取引を取り上げ、小西を追及した。

——昭和五二年（一九七七）に（大阪市）北区堂島にある土地を購入しましたね。一億円で購入したということですが、どうやって準備したんですか？

「当時それは……蓄財した金だと思います」

――しかし先ほどの話だと、収入は年間四、五百万から一千万という話なのに、昭和五二年に一億円なんか貯まらないじゃないですか？

「昭和五四年当時にすでに四億ほどのお金を蓄財しておったわけでございます。はい」

――昭和五二年はどうですか？

「多分、そのころ、そういう事業とか、そういうことをやっておったお金でございます」

――本当はどうやって貯めていたんですか？

「それを今、どういう仕事をして、どういうお金やと言われても、思い出せという方が無理です」

のらりくらりと逃げる小西に、裁判長がたまりかねて問いかけた。

――いくら十年間足していっても、そんな大金なんか貯まらんのじゃないですか？ 多いときはどれくらいあったんですか？

「一億あったときもございます」

――不動産取引とか金融取引で儲けたときもあった？

「はい」

小西は一九七七年(昭和五二)に一億円で購入したこの土地を、一九九一年(平成三)に売却し、十億円を得ている。

小西の取材をすすめるうち、いったい彼は生涯にいくら稼いだのだろう、という疑問を何度も抱いた。結論から言うと、正確にはわからなかった。宵越しの金は持たない江戸っ子のごとく、入った金はすぐに散財した。おそらく本人も〝生涯賃金〟を把握していなかったのではないだろうか。

ただ、一九八〇年代以降、小西担当の銀行員、その後は側近として彼の経済活動を近くで見てきた人物の意見は参考になるだろう。三和銀行(現・三菱東京UFJ銀行)の淡路支店に勤務していた岡野義市《よしいち》である。ちなみに淡路支店は、飛鳥地区から一・二キロの至近距離にある。

岡野の三和銀行での仕事内容については『同和と銀行　三菱東京UFJ〝汚れ役〟の黒い回顧録』(森功、講談社、二〇〇九年)に詳しい。同書では、それまで表に出なかった、小西と政財界との関係やバブル経済時の狂乱が活写されている。本書ではできるだけ重複を避け、岡野から見た小西像に耳を傾けたい。

一九四三年(昭和一八)に四国・香川で生まれた岡野は、地元の高校を卒業後、三和銀行に入行した。岡野が小西担当になったのは一九八三年(昭和五八)からである。大阪での勤務と生活が長いせいか、言葉は関西弁で、登場人物によって声音を使い分ける芸達者である。現在は同行を退職し、銀行員時代の経験を生かした債務処理業にいそしんでいる。

小西は、銀行は三和、買い物は阪急百貨店といった具合に、取引先を一社に決めていた。したがって金の出入りは、比較的把握しやすい。まずは、彼が生涯にどれくらいの金をどのようにして手に入れたのか。岡野の話。

「おそらく百億は稼いだやろな。ただ、常にあった預金は十億ですわ。何で稼いでたかというと、バブルのときは不動産、あとは転貸しですわ。例えば一億円を小西さんに借りたら、一千万円は手数料になる。こっち系(ヤクザ)には銀行が貸してくれへんから、小西さんとこへ来る。小西さんは担保はちゃんと確認する。それから銀行を呼ぶ。担保さえあれば銀行は貸しやすい。その金がヤクザに行く。ヤクザは小西さんに手形を放り込む。まあ借用書やね。その手形を銀行が預かる。手形の期日は三月《みつき》。

その期日が来たら返済できひん。そこで手形の書き換えをする。すると金利が発生する。だいたい月に二分。二分は年間二四パーセントやから大きいよ。元本と金利が払われへん場合は、金利だけでも銀行に持って行く。金利は複利やから、これでトットコ、トットコ増えていくわけや」

複利では、期日が来れば元本に利子を加えた額が新しい元本になる。借金が見る間に膨らんでいくわけである。

飛鳥会事件報道で、小西が二〇〇四年（平成一六）に旧知の組長に五億円を融資していたことが報じられた。小西から借りた金で組長は土地を購入し、転売するつもりだった。組長は一年後に一億六千万円の利子を付けて返済する予定だったという。かなりの高利である。

生涯の稼ぎが百億円という金額は、いかにも大雑把ではあるが、最盛期には年間十億円以上が懐に入っていたので、さほどはずれてはいないだろう。

小西の死後、彼の預金残高は、一億円しかなかった。いったい何に使ったのか？

「一番手っ取り早いんは女やろ。女は際限ないで。東京にもおったしな。呑み食いでも二十億は使ってる。ポケットに五十万から百万突っ込んで毎晩、北新地に呑みに行

1996年におこなわれた中村美律子のコンサートでの記念写真。右端は岡野義市

ってた。

あの人、財布は持たへんからね。それが毎晩消えて行くんやで。いつか、新地のホステスに『お前とネンネしたら、いつも金がなくなっとる』と言うてた。盗られてるねん。また、呑んだら落としたりするねん。あとは、車を買ったり、北海道にも別荘を買うたりしたけど、それもしれてるわな。やっぱり女やろ」

小西には常に複数の愛人がいた。私が把握している限りでは、飛鳥会事件で逮捕された七十二歳のときには、三十歳前後と六十代前半の女性と付き合っていた。埼玉にも子供を産ませた愛人がいた。

小西は気に入った女性には、高価な装

飾品や衣服などを次々とプレゼントし、相手の気を引いた。愛人になれば生活費やマンションの家賃を支払い、最愛の愛人には八千万円をかけて建てた家をプレゼントした。典型的な成金の手法である。それらの費用を合算すれば、相当な額になるだろう。

金品によって愛人にした女性を、飛鳥会や経営する社会福祉法人の職員に採用した例もある。

岡野によると、収入もさることながら、それに比例して出費もばかにならなかったという。

「東京で小西さんが十億出して、地上げしようとしたけど、結局失敗した。あの十億は銀行から借りてない。自分の金で埋めてた。そんなんもけっこうある。応援してる国会議員の選挙にもだいぶ使《つこ》たんちゃうか。一回の選挙で何千万は下らんからね。選挙は一回だけと違うしな。

京唄子や中村美律子《みつこ》なんかの芸能人も、中座や新歌舞伎座の公演があるたびに、小西さんが何百万かのチケットを買い上げてましたわ。右翼の連中に対してもそうや。『支部長、今度（街宣活動に）行きまんねん。メシ代頼んます！』。そんなんが多いんや」

小西の人脈はよくいえば広く、悪くいえば節操がない。

二〇〇六年（平成一八）に飛鳥会の事務所で小西に初めて取材した際、壁に皇室カレンダーが掛けられていたので驚いた。おそらく右翼からのプレゼントであろう。部落解放同盟は、身分差別に淵源を持つことから、天皇制には反対している。小西は思想的には「右」でも「左」でもなかった。

小西の懐具合を一番よく知る岡野にしても、結局小西が使った金の内訳は、おおまかにしかわからなかった。ただ、情報の断片をつなぎ合わせると、とてつもない金が入り、また同時に出て行ったことだけはわかった。

支部長に就任して間もないころは、廃車寸前の国産高級車のトヨタ・クラウンを知り合いから二十万円で購入し、乗り回していた。酒を呑んで酔って運転しては、あちこちにぶつけるため、車体はボコボコだった。

金まわりがよくなると、クラウンをアメリカの大型高級車・リンカーンコンチネンタルに乗り換え、専属の運転手を据えた。

住居は、一九五〇年代はバラックに、一九六〇年代末には同対事業によって完成したばかりの３ＤＫの団地型の市営住宅（五十平方メートル）に住んだ。一九七〇年代には奈良市内に自宅を建築したが、その後、妹に譲っている。

一九八〇年代初めに飛鳥会事務所で働いていた事務員との間に二人の娘をもうけると、同じく奈良市内に三億円をかけ、五百五十平方メートルの敷地に地上三階地下一階の豪邸を建てた。電気代だけで一ヵ月二十万円もかかったという。二十畳の和室には、六千万円の純金製の仏壇を安置した。小西はことのほか金《きん》が好きで、数十キロの金塊を何度も自宅に車で運ばせている。文字通り、金満家になっていた。

バブル経済をはさんだ一九八〇年代から一九九〇年代。小西は銀行と組んで金貸しや地上げに奔走する。あらためて小西と三和銀行のかかわりについて述べておきたい。

大阪が創業の地であった三和銀行は、二〇〇二年（平成一四）に東海銀行と、さらに二〇〇五年（平成一七）に東京三菱銀行と合併し、現在は三菱東京ＵＦＪ銀行となっている（以下、三和銀行と表記する場合は、合併前のものである）。

一九七〇年代のはじめ、飛鳥の実力者になっていた小西に会いに行った三和銀行員は、とんでもない目に遭っている。その場にいた小西の側近が証言する。

「それまで地元の信用金庫を使ってましたんや。そこへ三和銀行が『なんとかお願いします』言うて来た。小西さんは『地元の銀行を使《つこ》とるのに、何を言うとんや！』と言うなり、銀行員の頭を蹴ったんですわ。ほなら小西さんがひっくり返りましたんや。うわー、これはえらいこっちゃ思た。相手の顔が切れて、小西さんも床で頭を打った。まあ二人とも大したケガはなかった。その人は四日くらい経って、また来た。『支部長、この前は迷惑かけました』言うてね。小西さんも『おー、この前、すまんかったなあ』と。それから小西さんはその人を気に入るんですわ」

出会いは、暴力であった。小西は懐に飛び込んでくる者を好む。当初は金を預けるだけであったが、数々のトラブルをきっかけに、小西と三和銀行の関係は深まることになる。

私は小西の生前、本人から三菱東京ＵＦＪ銀行が持っていた極秘資料を手渡された。小西は飛鳥会事件で逮捕された後、同行と関連会社から融資を受けたが焦げ付いたままになっていた八十億円の返還を求めて訴えられていた。裁判は二〇一〇年（平成二二）、小西側が一億円を支払うことなどで和解している。ちなみにこのような不良債権処理は珍しくなく、同様の銀行の損失には、莫大な公的資金が投入された。

私が手渡されたのは、原告の三菱東京ＵＦＪ銀行が持っていた小西に関する資料である。それを被告の小西が、密かに手に入れていた。

資料によると、小西との「取引の経緯」は「昭和47年10月、①JCB申込に対しお断り②公共料金の口座振替返却ミスでトラブル発生、和解後取引開始」とある。

後年、小西は高級車のメルセデス・ベンツまでカードで購入するほど現金では買い物をしなかったのだが、一九七二年（昭和四七）の段階では、JCBカードの加入を断られていた。カードの発行を拒否された腹いせもあったのか、公共料金の振替返却ミスという銀行側のミスにつけこみ、取引を開始するあたりはヤクザの手口に似ていなくもない。

同年十二月には「預金担保による貸出取引開始」という記述がある。後に八十億円の返還を求められて裁判になった三和との関係は、支部長に就任してわずか三年目に、すでに始まっていた。

銀行側資料の「当行関係案件　過去の経緯」の欄には、小西が様々な局面、トラブルで三和に尽力していたことが列記されていた。

「昭和五十一年」（一九七六）には「柴島高校新規取引の支援協力」とある。大阪府立柴島高校は、地元の要望で飛鳥地区に隣接する土地に一九七五年（昭和五〇）に開校した。小西の説明を聞こう。

「三和銀行はその時分、大和銀行が府に食い込んでたから、公共施設の公金を取り扱いできひんかったんや。それで三和の淡路支店長が『ここに学校が建つんやけど、資金はうちで取り扱うように大阪府に言うてもらえまへんか』と頼みに来た。それでわしがなんとかした。そのときに銭を持って来よった。紙袋が二つあった。今から思たら億やろな。公金を扱えるんやったら、手数料だけで年間なんぼの銭が入る？　それがきっかけや」

三和側の資料にあるように、柴島高校の公金取り扱いで小西が動いたことは事実である。だが、岡野は小西の話に疑問を投げかける。

「三和がお金を持って行ったいうのは嘘やで。本人にもなんべんも言うた。小西さんが言う、金を持ってきた松本という人物は、銀行にはおらんねん。それに二億円を持って行って、銀行側に何の魅力があるの？　何もない。あの人、ときどき思い違いすんねん」

確かに一公立高校の公金取り扱いが実現するだけで、銀行が億単位の謝礼を支払うことは考えにくい。小西は自分の仕事を大袈裟に言ったり自慢したりすることはないので、おそらく別の事案と勘違いしていたのだろう。この件に限らず、思い込みが激しいのが小西の特徴であった。

三和銀行の資料には、この他にも「昭和53年　淡路支店新用地買収に尽力」「平成2年　石切《いしきり》事件の解決に尽力」「平成3年　岸組よりの与信取引回避に協力」などと列記されている。小西が生前、私に語っているので、順番に見ていきたい。

一九七八年（昭和五三）の「淡路支店新用地買収に尽力」について、小西はこう語っていた。

「支店が移転するときにな、暴力団がうちの事務所に来よった。『おっさん、三和銀行を知ってるんか？』と聞くから『お前、なんやねん！　こんなんで銭儲けしよう思ても、そうはいかんぞ！』と言うた。これで済んだ」

淡路支店は、阪急淡路駅前の一等地を取得する予定だった。ところが土地を買収する段になってヤクザが出てきた。困った銀行側は小西に相談した。両者は直接会って談判することになったが、小西の一喝でそのヤクザは退散した。銀行側は、本来は警察に相談すべきところなのだろうが、小西に相談した方が手っ取り早いと判断したのだろう。

一九九〇年（平成二）の石切事件について、本人はこう語る。

「石切神社（東大阪市＝正確には石切劔箭《つるぎや》神社）が三和銀行と取り引きしとったわけよ。お宮さんやから賽銭のこともあるし、檀家もぎょうさん持っとるがな。そこの宮司の息子が『天保山（大阪市港区にある臨海地区）の船を見たい』と言うので、支店長が『ほな、私が連れて行きます』言うて預かった。ところが支店長が目を離した隙に、この子供が海に落ちて死んでしもうたわけや。そら子供の不注意かしれんけどやな、何も銀行に子守りしてくれと頼んだんと違うねん。宮司にしたら、堪ったもんやない。銀行はやいやいとなった（騒然となった）。で、わしにお鉢がまわってきた」

神社側は三和銀行との取引を停止すると通告してきたが、小西は岡野や知り合いの弁護士らと一緒に、なんとか宮司とその家族の怒りをおさめることに成功する。

一九九一年（平成三）の岸組の与信取引回避に小西が協力した事案は、飛鳥地区にほど近い日之出地区にある建設会社・岸組の岸正美社長が、三和銀行に融資を依頼したというものである。

「三和銀行に大阪府の副知事と出納長から電話があったらしい。岸に会《お》うたってくれという話や。銀行が岸に会いに行ったら、岸は『銭を貸せ』と言うた。銀行は困った。本店で会議を開いて、小西に相談しようという話になったらしい。わしは岸に言うた。『お前、何を言うてんのや』と」

この問題の処理にあたった岡野が補足する。

「岸は大阪府、小西は大阪市とつながっとった。府の公金は大和銀行が幹事銀行で、大和は岸にいっぱい金を融資して五百億円を焦げ付かしてる。で、府が岸に『経営指導してくれ』と言われて困ってるらしいという話を聞いた。要は金を貸してくれということや。その話を小西さんにしたら、小西さんはすぐ岸さんに電話した。『お前、どこに行っとんねん。お前、大和ちゃうんか？　三和は関係ないやろ！　わかったか⁉』。これで一件落着や」

岸組は部落解放同盟大阪府連の肝入りで設立された大阪府同和建設協会の会員企業だったが、同建協の顔役の小西には歯が立たず、退散するしかなかった。

資料には記述されていないトラブル解決もある。

二〇〇〇年（平成一二）、当時の三和銀行の大幹部の息子が、ある女性を妊娠させ、訴訟沙汰になった。スキャンダルを嗅ぎつけた雑誌記者を名乗る三人の男が、東京から小西のもとへやってきた。このころ、三和のトラブルは、関西だけに限らず、すべて小西が片付けていた。千葉市内の産婦人科医が出した「妊娠八週」の診断書を見せられた小西は、三人に交通費と小遣いを与え、帰らせたという。

部落解放同盟の一支部長は、大手都市銀行の心強い紛争解決屋《トラブルバスター》になっていた。

三和銀行の〝小西資料〟には「当店（淡路支店）歴代の担当者と対応について」という項目に「担当者岡野　本格的に融資発生」とつづられている。小西担当になったいきさつを岡野が語る。

「異動は本部マターで、特命でした。親しかった人事部次長に『もうお前しかおらん』と言われた。とにかく小西邦彦は有名で、私も知っとった。当時、部落解放同盟はこうなっとる（右肩上がり）ときや。名前が轟いとったで。淡路支店に赴任したら、支店次長が言うわけや。『うちは飛鳥会いうのがあるから気ィつけてくれ。絶対、小西を怒らすな』と」

支店次長の言葉から、いかに小西が恐れられていたかがわかる。

岡野の支店での小西担当は四年ほどだったが、その後、本店勤務などを経て、他支店の支店長まで務める。高卒で支店長になるのは並大抵ではなく、小西担当をそつなく終えると重要ポストが約束されていた。岡野以降の担当者もほとんどが高卒者で、やはり全員が支店長職に就いている。銀行は学歴にハンディがある高卒者を過酷な労働環境に置き、一定期間を大過なく勤め上げると褒美を与えた。巧妙なやり口である。

「うちへ来たら必ず栄転していきよるねん。そんなレールを敷いてあるのやから」

小西もそう私に語っていた。

歴代の小西担当者の中には、性格的に小西とは合わなかった人物もいた。岡野が回想する。

「俺のあとに担当になった男はタバコを吸うねん。小西さんも吸う。引き継ぎで事務所におったとき、そいつが小西さんのタバコに火を点けようとしたら『いらんわい！六百年早い！』と怒鳴られた。俺と付き合うには六百年早いと。あの人、そういう言い方すんねん。百《ひゃ》っぺん転んでもないわ、とかな。彼は苦労した。小西さんと一番合わなんだんちゃうか。優秀なんやで。でも、ちゃらちゃらしたとこがある。小西さんにしたら、ちょっと生意気やと思たんかもしれんな。

彼が小西さんを担当してたとき、忘年会の一次会が終わって二次会に行くことになった。俺が小西さんの車の後部座席に乗った。まわりが新任の担当者に『お前も前に乗らんか』言うねん。ほな小西さんが『誰が車に乗れ、言うたんじゃ!!』と怒った。嫌いなもんには、はっきり線を引いたんや。そいつはいまだに『小西さんは怖い』言うてる」

そう語る岡野も、当初は小西に戸惑った。前出の『同和と銀行』にも紹介されているが、あらためて岡野の話を聞こう。

「小西さんから支店に電話がかかってくる。『飛鳥会から電話です』。そう言われると、思わず起立してしまう。電話の内容は『誰々とこに一本やっとけ』。これで終わりですわ」

最初は何を言おうとしているのか、皆目理解できなかった。前任者からの引き継ぎノートには、小西の発言にわからないことがあっても、聞き返してはならないと書かれていた。そのうち「一本」は融資相手によって、一千万円か一億円であることがわかってくるのだが、やはり最初はわからない。あれ、どういう意味やろ……考え続ける日々が続く。岡野の神経は次第に磨り減り、食事も喉を通らなくなってきた。会社に行くのがつらく、夜が明けるのが怖くなった。完全にノイローゼである。

「クビになったら楽になると思た。普通の銀行員になりたいがな。こんな状態が続いとったら、銀行員としてやっていけない。こうなったら一か八か、体当たりや」

小西は百万円余りもする阪神甲子園球場の年間ボックス席を毎年契約するほど、熱狂的な阪神タイガースファンだった。タイガースが勝った翌日、岡野は飛鳥会事務所のソファに座り「支部長、阪神強いでんな!」と声をかけた。親しげに話しかけられる相手ではないことを承知の上での、まさに体当たりであった。すると「メシ食うたんか?」と普段にない反応が返ってきた。岡野が小西の懐に入った瞬間だった。

「小西さんは本音でグッと言うてくれる人が好きや。あの人にしたら、どいつもこいつも裃《かみしも》着てものを言う、ということなんやろな。呑みに行っても、店主のおばはんが、ガンガン言う店が好きや。『支部長、行儀よう呑んでもらわな困りまっせ。そやないと、これから店に入れへんで』と釘を刺されても『な、何をこのクソババ!』とか言い返しながら、そういうとこへ通う。怒るけど、喜んでる。本音で言うてほしいわけよ」

突っ張ってはいるのだが、腹を割って話せる相手を求めていた。真性のさみしがり屋だった。

絶対に怒らせてはならない。聞き返してはならない――。小西はなぜかくも三和銀行で恐れられていたのか。岡野の解説を聞こう。

「まずはヤクザやいうのを、みんな知っとるやろ。それから部落解放いうだけで、みんな困っとった。どこの企業もそうやで。小西さんの経歴見ても凄いがな。行動隊の副隊長やからな。市役所前で（狭山差別裁判反対闘争の）座り込みもやっとる。みな知っとる。あの人、やるときやるんやから」

やるときはやる、は、飛鳥支部の元青年部員も語った言葉である。

部落解放運動が高揚した一九七〇年代は、少なくない企業が糾弾された。例えば一九七五年（昭和五〇）には全国の部落の所在地などを記した図書を、誰もが知っている大企業を含めた二百社余りが購入していたことが発覚した。いわゆる部落地名総鑑事件である。採用や昇進などの際に利用するために入手していたとされるのだが、購入企業は運動団体の激しい抗議を受けた。もともと、粗野、粗暴のイメージがあった部落に、糾弾は怖いという実体験や伝聞が広がり、マイナスイメージは増幅されていった。

それにしても、三和銀行の行員が小西を怖がっていたのは、ヤクザだからなのか、部落解放同盟支部長だからなのか、はたまたその両方なのか？

「解放同盟の方が大きいんちゃうか。Kというエセ同和（部落解放運動団体を騙って金儲けをする者）がおったんや。頭取からヒラまで、みんなKに振り回されとった。自分で解放同盟言うとるだけや。Kのおっさんもええ気なもんで、『今度、ニューヨークに行くから』と言うだけで、本店はちゃんと向こうの支店に連絡をとって一泊させて、パーティーまで開いて至れり尽くせりや。Kが海外に行ったら接待させられるから、駐在員はみんな嫌がってた。

業を煮やした頭取が、本店の支店部長に『刺し違えてもええから解決してくれ』と言うた。ほなら、支店部長がかたをつけたんや。Kが言うてくるのを全部断った。それで終わりやんか。簡単なことや。もともと何もないねんもん。だから解放同盟いうだけで、みんなビビるんや。とにかく上がビビると下もビビるがな」

銀行側はKの正体がエセ同和であることを正確に把握していなかった。所属団体名に「部落解放」や「同和」などの名称が付いただけで怖気づいていた。

ところが小西の場合は〝エセ〟ではなく本物、いわば〝本同和〟である。それにヤクザの経歴も加わった。見るからに頑強な体つきで、顔もいかつい。岡野によると小西はある日、事務所で鏡を見たあと「俺、怖い顔しとんなあ」としみじみ語ったことがあったという。岡野は「今ごろ気ィつきましたん」と返した。自他ともに認める強面の持ち主だった。

三和銀行内では、岡野が小西担当者になり、ようやく行員の意識も変わっていった。本店であろうが支店であろうが、エセ同和商法はまったく通用しなくなった。「部落解放」「同和」を名乗る団体職員から、一冊数万円もする部落問題に関する高額書籍の売り込みがあっても、行員は機械的に答えた。

「うちは小西支部長のご指導があるのでけっこうです」

そう告げるだけで、それ以上は何も言ってこなかった。

小西邦彦の名は、エセ同和団体だけではなく、総会屋にも鳴り響いていた。岡野が語る。

「Mという総会屋がおって、うちの支店がみなやられとった。自分は腹ごしらえして、夕方四時ごろ『支店長を出せ』言うて支店に入って来る。用件は『得意先の件』。要は融資の強要ですわ。応接室に通すと、夜中の十二時ごろまで支店の幹部を一歩も出さへんねんから。

あるとき、小西さんに『支部長、うちがMにやられてまんねん』と相談した。『そいつは何をしてる男やねん?』と聞くから、これこれこうで、みな困ってまんねんと説明した。ほなら『ええか、今度そいつが来たら、俺の名前を出しとけ』と。本店の融資担当者に『小西さんの名前出したらええ』とアドバイスした。それで終わってしもた」

Mは二度と三和銀行にあらわれなくなったという。

誰かが企業防衛を担わなければならなかった、と岡野は言う。三和銀行の場合は、小西をバックにした岡野であった。

「総会屋の連中は、必ず『支店長を出せ』と言うてくる。そこから本店の部長、常務とどんどん上へ持っていく。誰ひとり自分のところで止めようとせん。まあ〝危険物取り扱い〟の能力を持っとかんとできひんねんけどな。それは個人の器量や。組織的には、できない。俺の場合は、なんで淡路支店に行ったんかを自分で感じなあかんかったんや」

エセ同和も総会屋も、その後、世間の目はますます厳しくなった。一九九二年(平成四）には、いわゆる暴力団対策法が、二〇一一年（平成二三）には全都道府県で暴力団排除条例が施行された。反社会的勢力に対する圧力は、以前にも増して強まった。企業側からすれば、エセ同和、総会屋、ヤクザは、以前に比べれば排除しやすくなった。ということは、岡野のような汚れ役は、今の企業には必要ないのだろうか？

「もちろん、要らん。出る幕ない。今はいらんことせんでええ。小西さんも、もし生きてたとしても、金儲けはまるっきりできんな。ええ時代に生きたんや」

企業にとっては、けっして「ええ時代」ではなかったが、小西にとっては自分の存在感を見せつけることができたのは確かであろう。

小西は三和銀行の危険物取扱者・岡野とタッグを組み、行内の様々なトラブルを解決した。その見返りに三和から融資を受け、金融・不動産業に精を出す。

三和銀行の小西に関する資料の中に「バブル景気で銀行からの借入で『金を儲ける事』を覚え始める」という記述がある。小西はただの銀行の用心棒ではなく、事業のパートナー、顧客でもあった。銀行から金を引っ張り、ヤクザに金を貸し付ける。バブル経済の最中においては、多くの銀行がおこなっていた商法である。

三和銀行とその関連会社が小西に貸した八十億円が焦げ付き、二〇〇六年（平成一八）の飛鳥会事件後、返還を求められて訴えられたことはすでに述べた。逆に言えば、三和は少なくとも八十億円以上を小西に貸していた。

小西は部落解放同盟飛鳥支部長就任前から無資格で金融業を営んではいたが、銀行業務の知識については素人同然だった。岡野が証言する。

「銀行は預金するとこで、金を貸してくれるとこやとは思わんかったらしい。知らんかったら教えたったらええねん、銀行のルールを。小西ルールはあきませんでって、だいぶ直したで。手形の仕組みも、裏書きの仕方も教えた。ハンコもつかんと小切手を切っとったんやから。それで通ってた。誰も注意してくれなんだ、というわけや。小西邦彦の署名だけで小切手が通用するんやから。結局、なんかあったら怖いから、小切手はやめさした。手形も間違いのもとやから書かないほうがいいですよと言うた」

銀行が金を貸してくれるところやとは思わなかったという話は、私も本人から直接聞いた。その小西がバブル経済の最中には、銀行から何十億もの金を借り、動かしていくのだから、人生はわからない。

しかし、岡野が言う〝小西ルール〟を変えなかったため、最後は訴えられた。三菱東京ＵＦＪ銀行とその関連会社に計八十億円の融資の焦げ付きの返還を求められたことについて、小西は生前、次のように話していた。

「（銀行で借りるにあたって）わしは自分でサインしたことは、いっぺんもない。判も全部、向こうにある。あの判、銀行が勝手に作りよった。わしが銀行を脅して銭借りて返さんと言うとる。確かに借主はわしの名前や。そやけど焦げ付いたから言うて、わしに言うてきても、それはあかんちゅうの」

小西の言い分は、わからないでもない。しかし、書類に小西が借主であることが明記され、判も押してあるのであれば、法的に小西の責任が問われても致し方ない。そこが小西の甘いところであった。

岡野によると、八十億円の借金は、バブル経済崩壊で担保の資産価値が下落したためで、小西には何の責任もないという。

話を一九八〇年代に戻す。

当初は会社を辞めたら楽になると考えるほど思い詰めていた岡野だったが、いったん小西の懐に入ると、それまでさんざん聞かされていた話とは違う一面が見えてきた。

「原発事故と一緒でな、建屋に入らんとわからん。私は入っとったからね。人間性はものすごいよかった。素直やし、嘘言わへん。友達に裏切られることはあっても、裏切ったんは見たことがない。愛情もあるし、とことん面倒見る。あのぐらい安心して付き合える人はおらへんと思う。男としては最高やと思う。私にとっては、やで」

ベタ褒めである。それだけ二人のウマが合ったのだろう。二人をよく知る人物は、両者の関係について次のように話す。ちなみに話の内容は、一九九〇年代半ば以降のことである。

「岡野さんは、小西さんに頼みごとが多かった。けっこう儲け話を持ってきてた。小西さんは岡野さんを信用してるから、話は一応聞く。岡野さんは、小西さんはこういう話に弱いとか、言いやすいタイミングを知ってる。でも、小西さんはだいぶ損をさせられてる。で、小西さんにぼかんと怒られるんやけど、電話で呼んだらすぐ来るから、小西さんにしたらかわいい。何回も騙されてるんやけど、まあ岡野やからええわ、となる。間があいたら『岡野を呼んでみたれ』言うてた」

岡野に確認すると「損はさせてない」ということなのだが、小西が岡野を信頼していたのは事実であろう。

聞き返してはいけない、と厳命されていた岡野だったが、小西は銀行側の意向を伝えると、聞く耳を持っていたという。岡野の話。

「担当してまだ間もないころ、支店長と一緒に小西さんに会いに行ったことがある。ある人物から五億貸してくれと頼まれてるという話やった。断ったらあかん、担保のあるなしを尋ねてもあかんと聞いとるやろ。で、支店長が意を決して言うた。『支部長、これどうしても担保が要るんですよ』。小西さんが何を言うたか。『担保？　要るわなあ。断ろ』。それで終わりやんか。やっぱり、言わなあかんのや。できないはできない、是々非々でいったらええんやがな」

小西は怖い、絶対服従しなければならない……。勝手に怖がる人が、虚像をさらに膨らませていた。

相性に加え、岡野には小西と付き合うメリットがあった。岡野は銀行と小西の間に立ち、石切劔箭神社の件、三和銀行の大幹部の息子にかかわるスキャンダル、総会屋対策など様々なトラブル解決の橋渡しをしてきた。「お前しかおらへん」と押しつけられるように就いた小西担当ではあったが、腹を決めて昼も夜も付き合い、諸々の問題を次々に解決すると、本店の幹部も岡野を見る目が変わってきた。小西というボスを得て、岡野もまた社内での存在感を増していった。

「銀行をクビになったら、小西さんは面倒を見てくれるやろと思てました。どちらかいうたら、銀行よりも小西さんの方に軸足を置いとったからね」

岡野がそう語る。小西にとっても岡野は銀行業務のイロハから、ときには苦言や直言を呈してくれる、よきパートナーであった。

小西のそばにいる役得もあった。小西はバブル経済以前から株取引を始めている。日々、それを見ていた岡野も株に手を出す。

「仕手株やっとる小西さんの横におったら、情報がものすごい入るんやで。許永中やコスモポリタンの池田（保次）が一緒におるやろ。話しとるやん。『今度は〇〇や』『〇〇が四十億注ぎ込むらしいで』て。それを聞いて買うたことがあった。バブルのときやから、ぱっと上がる。一回、すぐに売ったことがあるねん。ほな小西さんが、株価が下がるのを見て『何でやろ？　まさか岡野、お前もしかして⁉』『いや、その流れで……』『何が流れや！　お前、やっとったんか‼』。怒られたこともあったな」

バブル期の小西担当者でなければできない経験だった。

岡野が小西の担当になったのはバブル経済が始まる前だったが、四年間の担当を終え、本店に異動になっても二人の親密な関係は続いた。銀行側もそれを求めた。そして日本はバブル経済に突入する。小西と岡野はその真っ只中を走り続ける。

「小西さんに来る仕事というのはな、きれいなんは来んのや。手垢がついて誰もできひんやつが来るんですわ。あの人、ブルドーザーやんか。がれき処理みたいなもんや。小西さんが行ったら、うわーってやってしまう。ナンバヒップス（大阪市中央区にある複合レジャー施設）ができた土地には、四十人くらいの地権者がおった。三和から十億を引っ張った。小西の名前でみんな動くやんか。そら、地権者には金は渡すけどな。更地にして四十億で売れた。これが僕の最初の仕事やった。

バブルは小西さんの力が一番発揮できる時期やんか。地上げいうたら小西邦彦やもん。あの人のおかげで街がきれいになったいうのもあるんやで。大阪駅前のビルもみなそうや。やっぱり必要悪ですわ」

ナンバヒップスの地上げでは、小西は十億円を稼いだ。岡野が言う大阪駅前ビルは、終戦直後は闇市が広がり、十代の小西がひもじい思いをしながら蠢《うごめ》いていた場所である。一九七〇年代までは、小さな飲食店が軒を並べ、闇市の雰囲気を残していた。小西は自分の過去を消去するかのように、仲間とともに一帯の開発を手掛け、のし上がっていった。

再開発や地上げの是非は措くとして、難事業を進める上で、何らかの〈力〉が必要なことは事実であろう。その意味で小西は、周囲に睨みをきかすには必要不可欠な存在であった。行政や銀行、建設業者が頼りにしたのもそこにある。

開発資金の捻出方法も常識外れであった。岡野が回想する。

「あの人とおったら、一億なんて大した金やない。小西さんが『岡野、あそこに一本持って行け』と言うんですわ。あのころは、一本は一億ですわ。どこからその金を出すん？　そこから仕事すんねやで。支店で一億の稟議書を書くんですわ。運転資金や言うたら通るんやから。で、一億を小西さんの普通預金に入れて、それを運用する。小西さんは借りた金はちゃんと返しよる。どっかから入ってくる」

極道の小西らしい話もある。

「あるとき、『これだけ頼むわ』言うて左手を出した。次の日、四千万持って行ってん。『お前、きのうちゃんと言うたやろ！』『支部長、それやったら右手を出してください』『そ、そうか』。左手の指は、一本あらへんからね」

小西は飛鳥解放会館で自ら断指した方の手を出し、指示していた。マンガのような実話である。

前にも触れたが、小西は稼いだ分だけ、散財した。小西の生きがいについて、岡野は次のように語る。

「昼前に事務所に来まっしゃろ。まず今晩だれと呑むかということを考えるんが楽しみやった。僕はレギュラーメンバー。夜になると僕が店に『これから行く』いうて電話する。バブルのときは、ものすごい遊んだ。北新地のクラブを毎晩、朝の四時、五時になるまで、五軒も六軒もはしごした。役所の人間が来ることもあったけど、こっち（ヤクザ）が多かった。呑み代は月一千万、少ないときで八百万。僕が振り込んどったからわかる。バブルがはじけたあとも、呑み代はそんなに変わらない。なにせクラブ通いが生きがいやからね」

ひと月一千万だと、年間一億円以上が呑み代に消えることになる。実際、小西の知人は、本人から「俺は呑み代は（年間）一億円ほどでええねん」と豪語するのを聞いたことがあるという。別の知人には「一回、試したことあるけど、一晩で百万円分はなかなか呑まれへんで」とも語っていたという。金が有り余っていたとしか思えない口ぶりである。「呑み食いでも二十億は使ってる」という岡野の話も、ますます信憑性を帯びてくるではないか。

小西は若いころから酒好きで、さほど金のないころはアルサロ、キャバレーで、金に困らなくなってからは、高級クラブで豪遊した。一九九〇年代半ばには、北新地にある五階建てのビルを購入し、その一階部分でスナック経営にも乗り出した。まずは自分の店で呑み始め、そこから他店に出向いたあと、最後に自店に戻ってくることもあった。

酒場や高級クラブは小西が羽目を外し、くつろぐための場所だが、職場でもあった。ときには北新地の複数の店に顧客を待たせ、次々と客の待つ店をまわり、商談を済ませることもあった。金を借りたい客――その多くはヤクザだった――は、小西に酔いがまわり、機嫌がよくなるのを見計らって「支部長、〇〇万ほど頼んます」と切り出す。いくら酒が入っても、小西は商談の内容は覚えていた。アルコールには滅法強かった。

岡野は一九八〇年代から四半世紀にわたって、小西の高級クラブでの呑み方を間近に見てきた一人である。

「初めてテーブルにつく女の子が横に座るやろ。『お前、誰や？　あっち行け！』。女の子は泣きながらトイレに行く。出てくるころに俺が女の子のとこへ行って『あの人はみんなにそう言うとるんやから、気にせんでええ。あと十分したら、もう一回、横に座り』とアドバイスしたる。で、十分経って、『さっきはすみません』『お、かわいいな！』。機嫌が直ってる。

ビールでも洋酒でも、グラスに酒を残して女の子が席を替わるために立ったら『おいこら！　これなんぼする思てんねん！』。そういうのは厳しい。指導してるところがあんねん。

請求書が来るやろ。赤ペンで消すんが好きや。『これ、食うてへん』『これもや』。合計はどうでもええねん。内訳しか見てない。これをせんと気がすまへん。そやからクラブのママに、精算《チェック》する前、『あの人、消すからな。多めに金額書いときよ』言うてた」

金には不自由しなかったが、チップは、はずまなかった。「金があるときはええけど、なくなって払えなくなったら『あのケチ！』言うから、絶対やったらあかん」(知人の証言)というのがその理由だった。北新地に出撃するとき、無造作にポケットに突っ込んだ札束は、目当ての女性に渡すための軍資金だったのだろう。

小西には、「吝嗇《りんしょく》」と「豪放」が同居していた。飛鳥会の事務員が夜遅くにタクシーに乗って帰宅したことがあった。翌日、その代金数千円を事務所に請求すると、小西は烈火のごとく怒った。小西にすれば小銭のような額である。

このように妙に細かいところもあれば、太っ腹なところもあった。岡野の話。

「(三和銀行)淡路支店の支店長が替わると送別会してくれんねん。これ、全部金出してくれた。支店部長とか本部のえらいさんが来るんやで。小西さん、おとなしいで。

小西さんに『支店の女子行員が一回、北新地で呑みたい言うてます』と耳打ちしたら『行こ、行こ』。それ、やってくれんねん。女子行員は喜ぶがなー。何回連れていったか。三十人ぐらい連れて、レストランに行ったこともあった。わいわいお祭り騒ぎするのが好き。一人で呑む人ちゃうからな。勝新太郎みたいに、引き連れて呑み歩くタイプ。にぎやかなんが好きですわ」

金銭に関しては、概して身内には厳しく、外部の者には寛大であった。三和銀行への過剰なまでのサービスは、本人がそこにいて楽しかったということもあるが、自分を担当してくれた岡野を引き立てたいという気持ちもあった。

ネオン街における小西の乱暴狼藉は、数え上げればきりがない。夜の正選手《レギュラー》・岡野が明かす。

「むかし、小西さんは歌が下手やった。ピアノ伴奏で歌わしてくれる店があって、小西さんも歌った。合わへんがな、ピアノのおっさんと。そしたら小西さん、『こら、ちゃんと合わさんかい！』言いながら殴るんやで。

いつ電話しても『満員です』と断られる店があった。ある日、小西さんが『その店に行こ！』と言うんや。もう夜中の十二時過ぎてる。入口でボーイが『きょうは、いっぱいです』『何ぬかしとんじゃー』言うて、ボーイの首筋をつかんで店になだれこんだ。お客さんは騒然となって、帰るやんか。そっから説教や。スタッフ全員を並ばして『何が満員や！』。さっきのボーイに『こっち来い！　おいしい酒、呑ましたる。俺も呑む』。二人ともウイスキーをロックかストレートで流し込む。『おいしいか？』『はい、ありがとうございます』『もっと、いけ！』。その繰り返し。ボーイは倒れてしまうやん。それでも終わらへんで。『どこへ行ったんや?』。スタッフが『トイレです』『呼べ!』。中途半端ちゃうで、そのぐらいやるねん。そういうときは、昔(ヤクザ)が出る。北新地界隈で、あの人は怖いちゅう噂が広がるやんか。ほんまに怖いねんから」

北新地の某クラブのオーナーは、酒席の小西について次のように話す。

「服装が黒い女の子は嫌いやからね。まず座らせない。誰でもそうやと思うけど、寄ってくる女性はかわいい。ビビったり、オドオドしたら嫌がる。平成のはじめごろまでは、よう暴れてはった。呑んだらぐちぐち言うてはった。ちょっと気に食わんことがあったら『お客さんを帰せ』とかね。いわゆるヤカラやねえ」

オドオドしたホステスの反応には敏感であるのに、店側が迷惑していることには鈍感だった。再び、岡野の証言。

「前の日に暴れた店のママから、俺に電話がかかってきた。『できたら連れてこんといて。小西さんがうちに来たら、他のお客さんが来お《こ》へんようになってしまうねん』。小西さんに、そのまま伝えた。その店に、また小西さんと行った。小西さんはママを呼んで言うた。『ここへ座れ! 俺がおるから、ややこしいのが来え《け》へん。俺がおったら大丈夫や！　変なんは、誰も来えへんから』。自分が一番変やいうのが、わかってはらへん（笑）」

通常はウイスキー（ロイヤルサルート）を好んだが、日付が変わり、日本酒を呑みだすと手がつけられなくなった。「シンデレラみたいなもんですわ」と岡野は笑う。シンデレラは、夜中の十二時に魔法がとけるので帰るのだが、小西はその逆である。日付が変わるころになると魔法がかかったように狂暴になった。

岡野によると、狂暴になると小西は「弟が出てきた」と語ったという。その言葉が冗談でなければ、まぎれもない多重人格者である。小西の側近の一人は、痛飲して豹変するのは、十代のころに耽ったヒロポン（覚醒剤）の副作用ではないかと推測するのだが、真偽のほどはわからない。

夜のネオン街で、岡野は最後まで小西の担当者だった。はしご酒を重ねると、さすがの小西も泥酔状態である。タクシーを呼んで後部座席に乗せる。ドアが閉まり、ホッとしていると、反対側のドアから「そうはいくか！」とタクシーから出てきたこともあった。

凶暴だが、どこか稚気あふれる人物でもあった。

このような小西の高級クラブでの蕩尽を、彼に近いある人物は「死金《しにがね》をようけ使わはった」と表現した。確かにそれは言えるだろう。ホステスのパンティストッキングを引きちぎり、そのお遊び代として万札を渡していたというのだから、けっしてきれいな使い方ではない。はっきり言えば、成金の下種《げす》な遊び方であった。

だが、目立たないところで小西は人助けのためにも金をつぎこんでいる。例えば北新地の金に困ったホステスの面倒である。昼も夜も小西の伴走者であった岡野が語る。

「あの人は駆け込み寺みたいな存在やった。相談は、たいがい金の話。女の子が頼むときには言い方があんねん。『お父さん』言うたらあかん、『お兄ちゃん』やねん。『お兄ちゃん、ちょっと相談があんねん。明日事務所に行っていい？』『銭やろ!? ほな、明日二時ごろにでも来いや』。嫌とは言わない。まあ、貸すんは百万単位までやろな。証文は取らんし、いつ返せとも言わん。やったつもりで貸してる。面倒見がものすごいええねん」

故郷の親戚が、知人に貸した数百万円をどうやって取り返したらいいかを小西に相談したことがあった。小西は「貸した金は、やったもんと思え」と諭した。

金田組の解散後、元組員たちが小西に金を借りに来た。返しに来ないのはわかっていた。「それでええねん。二度と来よらへんから」と小西は語ったという。

「動かした金は大きいけど、そんなに残ってない。なんでか言うたら、やられてるから。何千万か何億かは、やられてるはずや」

小西をよく知るある人物はそう断言する。「やられてる」とは、貸したままになっている、という意味である。

信頼する人間には、損得を考えずに即決した。小西と親しいある元組長が語る。

「しょっちゅう無理言うてた。『支部長、頼んますわ』言うたら、支部長は『何に使うねん？』とか絶対聞かへん。『いつ要るねん？』言うだけ。『いま要りますねん』『無茶言うのお』で終わり。よう面倒見てもろた。傍《はた》が何を言おうと、俺はあの人に感謝してる。うん、何を言おうとね」

岡野も巨額を用立ててもらったことがあった。ある土地取引で急に五億円が必要になった。おそるおそる小西に相談すると、物件も見に行かず、五億円を貸すことを即決した。この取引で、小西は一億円の損をした。「自分でいったん決めて損したことに対しては、それをぼやいたことない」と岡野は言う。仕事上で損をしても、岡野の前では愚痴は言わなかった。

小西は部落解放運動の同志の金策に知恵を貸し、また身銭も切っている。大阪市内にある社会福祉法人ノーマライゼーション協会の理事長を務める山中多美男は、法人設立にあたって小西からアドバイスを受けている。前にも述べたが、山中は部落解放同盟大阪府連の組織部長だったとき、小西の故郷の借金返済トラブルを処理した人物である。山中は法人をつくるにあたって、一億円ほどの資金が必要だった。

「小西さんに『金あらへんのですわ』と相談したら『お前の顔やったら、一億ぐらいやったら集まるがな』と言うから『どないしまんねん?』て聞いたら『解放同盟の各支部に五百万円ほど貸してくれ言うねん。十年間無利子で据え置きにしてもろて、十年経ったら十回に分けて返すようにしたらええ。お前の顔やったらやれるで』と教えてくれた。で、近隣のいくつかの支部に、それぞれ五百万、小西さん個人にも同じ額を借りた。僕自身も出したし、兄貴にも知り合いの大学の先生にも借りて、ようやく法人はできた。小西さんが亡くなる前、病院に見舞いに行って『小西さん、頑張ってくなはれや。あんたの借金、まだ返してないねんから』と声をかけたら『もう、ええ、ええ』と言わはった」

もともと返してもらうつもりはなかったのかもしれない。蕩尽はしたが、そういった生き金も、なくはなかった。

　バブル経済をはさんだ十年間は、小西の絶頂期であった。株や地価は面白いように高騰し、次々と大型プロジェクトが計画された。地上げや金貸しを生業とし、ヤクザにも顔がきく小西は、銀行や行政から頼りにされた。使うのに困るほど金が入り、それを散財した。

　貯蓄するという発想が、小西にはなかった。稼いだ金は次々と吐き出していった。家族四人に、それぞれ家や車を持たせた。

　被差別部落に生まれ、極貧の生活から這い上がった男は、豪邸に住み、運転手つきの高級車に乗り、夜毎高級クラブで豪遊する金満家になった。その一方で、部落解放運動には距離を置き始めていた。

第四章　母の教え

同和対策事業は全国の被差別部落を対象におこなわれたが、自治体によってその内容は異なった。部落の規模や実態、さらには運動団体と行政との関係に差があったからである。

大阪は他府県と比べて地区数こそ少ないが人口が多く、また組織化されていることもあって、部落解放運動の先進地であった。部落大衆は、劣悪な生活環境の実態を行政に突きつけ、様々な事業を勝ち取っていった。

部落解放運動が高揚した一九七〇年代、小西は部落解放同盟大阪府連の執行委員や大阪市内ブロックの副議長を務め、要求獲得の先頭に立っていたが、一九八〇年代以降、運動を冷めた目で見るようになる。小西は私に対して次のように語っていた。

「学校で現物支給ちゅうのがある。年子《としご》がおった日には、上の子が地球儀をもろたら、下の子も翌年に同じもんをもらう。家に地球儀が二つもある。一つでえがな。服もそやがな。あれ（支給）は長い間続いた。

学校の加配教員もそや。加配したからいうて、うちの子のレベルが上がったかっちゅうのや。複数担任も極端な話をしたら、鉛筆落ちた、消しゴム落ちた、それ、拾うのがええ先生やねん。『自分のもんは自分で拾え』言うのは悪い先生や。複数担任が一番悪い制度や」

かつて部落には困窮家庭が多かったため、学用品を満足に買ってもらえない児童・生徒が少なくなかった。同対事業（特別就学奨励費）によってそれらが行政から支給されるようになると、きょうだいが多ければ多いほど、支給品がだぶつき、子供たちは物を大事にしなくなる傾向があった。

複数担任制度は、部落がある校区の小学校に、クラスに担任が二人加配されるシステムである。小西はこの制度が部落の子供の甘えを生むと考え、加配教員の代わりに、退職した教師を地元に招聘し、子供たちを指導させた。地元住民によると、退職して何年にもなる元教師と子供たちとの接点がなかったため、両者の関係はうまくいかなかったという。ワンマン支部長の意図が成功したとは言えなかった。

差別に負けない子供を育てる目的で、一九七〇年代以降、大阪市内の各部落に同和保育所が開所する。飛鳥地区では一九七二年（昭和四七）に、市立あすか保育所が設立されている。

この同和保育所についても小西には持論があった。二〇〇六年（平成一八）に始まった飛鳥会事件の公判で、部落解放運動における自分の役割について次のように述べている。

> 解放運動の中で、これが差別だということについては強い要求を出しておったわけですけど、中には誰が考えても理になら《ママ》ん要求がございましたので（中略）、自分の地域、自分の各支部の要求を止める役割にまわったこともございます。

こう前置きした上で、同和保育の問題点について自説を展開した。

> 当時はあまりにも無茶な要求だったと思います。双子の子供なり年子のきょうだいがおったら、当時同和保育というのは、乳児一人に保母一人と、そういう要求を掲げておったわけでございます。保育所の場合は保母さん一人ひとりがついていたけど、家へ帰るとお母さんは一人でございます。それが果たして世間に受け入れら

れるのかということで、同和保育については随分反対もし、(部落解放同盟)大阪府連なり、また中央委員会(同中央本部＝引用者註)の方からも再三、現役の支部長が同和保育に反対するというふうに指弾されたことも多々ございます。

この発言を受け、弁護人は「自分のことだから言いにくいかもしれないが、あなたは自分自身で話のわかる支部長だと、行政に対してもそういう気持ちでいましたか?」と問いかけた。小西は「はい」と即答した。

乳児に対してより細やかなケアをするためには、より多くの保母を、というのが、当時の同和保育の柱のひとつであった。実際、ゼロ歳児については、一対一の保育を実現させている。だが小西は、教師や保母を増やしても子供のためにはならない、という信念を持っていた。

同和保育の充実については、部落解放同盟と対立していた共産党も「保母一人あたりの児童数は、一般向けが約十一人であるのに対し『同和』向けは四人となっています。一般保育所の保母さんは『同和』保育所のざっと二倍半の子どもを受けもっていることになります」と批判している(『大阪の同和問題』大阪民主新報編集部編、汐文社、一九七五年)。

小西は終生、共産党を毛嫌いし、また共産党も小西を同対事業で不当に利益を得る解放同盟幹部として攻撃したが、こと同和保育に関しては意見が一致した。

同和保育に疑問を感じていた小西は、飛鳥地区に隣接する場所に、大阪府の土地を借り、一九八一年(昭和五六)、ともしび保育園を開園する。その理由を飛鳥会事件の公判で次のように述べている。

同和保育所、同和地域の職員等については、手当の方が支給する本俸を上回ると。そういう賃金体系を何とか打破していきたいと。そういう中で、私一人が同和保育に反対して、そういう保育所を建設したものでございますので、行政の方からも、よく代わりにやってくれたと受け止められております。

関係者によると、当時の同和保育所では泊まり勤務もあり、超過勤務手当が本俸を上回ることはあったという。子ども会の指導者は高校進学のための中三合宿に入ると、月二百時間の超勤手当が出た。

手厚い人員配置に加え、小西は労働条件についても口出ししていた。同和保育所の教職員の超過勤務手当を月三十時間以内に抑えることを市当局に要請し、実現させている。部落内の労働者の権利を守るのも、地元の部落解放運動のリーダーの役割であるはずなのに、小西は抑え込む側にまわっている。身内に厳しい性格が、こんなところにも出ていた。

それにしても、部落解放同盟支部長の地位を利用し、経済活動をおこなっていた小西が、同和保育所職員の待遇を問題にするのは滑稽ではある。飛鳥地区の中で誰よりも稼いでいたのが小西邦彦なのだから。

一九七〇年代の初頭に、部落のヘルパーを市職員に採用する動きがあった。小西はいったん採用すれば、容易に解雇できないという理由でこれに反対した。まるで行政側の発想である。

小西は同対事業で、あるときは住民側に立ち、またあるときは行政側に立った。その立ち居振る舞いは、無定見ではある。しかしその立ち回りこそが、この男の真骨頂とも言える。同対事業に依拠・依存しながら、甘えを生むと考え、事業によっては反発した。

小西が保育所経営に乗り出したのは、同和保育に反発していたことに加え、根っからの子供好きだったからでもある。週末には知り合いの子供を集めて遊園地に出かけたり、プールに行ったりするなどして一緒に遊んだ。小西の子供好きについて、三人の子を持つ四十代の女性は次のように述べる。

「子供ばっかり連れて、旅行に連れていってもらったことがありました。小西さんは子供が行きたそうなところを全部ピックアップするんです。昼はどこで何を食べて、午後から水族館へ行って、夜は中華料理を食べてって、全部決めるんですよ。マメでしたね」

支部定期大会で演説する小西支部長（1981年）

仕切りの対象は、大人だけではなかった。子供の喜ぶ顔が、好きだった。

小西が設立した保育園の経営主体は、社会福祉法人ともしび福祉会である。

法人設立にあたっては紆余曲折があった。小西の前歴が問題になったのである。小西の話によると、大阪府に設立の申請をすると、前科があるので難しいという。国に直接嘆願した方が早いと判断した小西は、厚生省におもむいた。部落解放同盟と友好関係にあった社会党の国会議員の紹介で、法人設立の申請に来たことを守衛に告げると、文字通り門前払いされた。

野党である社会党の議員の紹介では埒があかないと考えた小西は、金田組の上部組織の柳川組にいた右翼を通じて、自民党の代議士・中川一郎を紹介してもらい、ようやく厚生大臣の園田直《すなお》に会うことができた。園田は「事情はわかった。僕が判を押したらよろしいんでしょう」と言い、法人設立の許可が下りたという。

犯歴が問題にはなったが、柳川組系金田組組員という経歴が生きた。かくして、組関係者で前科がある社会福祉法人理事長が誕生した。小西は周囲から「支部長」と呼ばれ続けたが、比較的付き合いの新しい人からは「理事長」と声をかけられた。銀行幹部などに初めて会う際には「支部長」ではなく「理事長」の名刺を渡した。

保育園の開園当初は、クリスマスになると小西は白いひげを付けたサンタクロースに扮装し、園児たちにプレゼントを配った。開園十周年には、百二十人の園児一人ひとりに、あらかじめ一万円が入金された預金通帳を贈った。素封家らしい贈り物ではある。

ちなみに小西は個人の記念日や店舗の周年――例えば開店十周年など――に花を贈ることを怠らなかった。「もらって嫌がる人はおらへんから」というのが持論だった。いかつい容貌にもかかわらず、意外に細やかな神経の持ち主であった。

保育園に続き、一九九四年（平成六）には出身地の高槻市に、特別養護老人ホーム・高槻ともしび苑を開所した。このとき小西は、社会福祉法人ともしび福祉会に、建設用地の約五千平方メートルの土地と現金五億円の計約八億円相当を寄付している。その原資は、一九七七年（昭和五二）に一億円で購入した土地が、十四年後の一九九一年（平成三）に十億円で売れた売却益であった。

特別養護老人ホームの建設中は、足しげく建築現場におもむき、何かと指示した。オープン記念式典で、ともしび福祉会理事長として挨拶に立った小西は、よほど思い入れがあったのだろう、感極まって涙ぐむ場面もあったという。

翌一九九五年（平成七）には、高齢者と障害者の在宅介護サービスステーション・

飛鳥ともしび苑を、そのまた翌年には、大阪市福島区に特別養護老人ホーム・福島ともしび苑をオープンした。飛鳥ともしび苑の土地も小西が四億円で購入し、ともしび福祉会に寄付したものである。

飛鳥会事件の公判で主任弁護人を務めた渡邊淑治は「小西は飛鳥会からは（駐車場の売り上げは）食うたけど、ともしび福祉会に関しては一円の金もとってない。小西が寄付した十億余りの金があるから、福祉会の経営は健全なんや」と打ち明ける。小西は周囲に「金は汚く儲けて、きれいに使うんや」と語っていた。土地取引などで稼いだ金を社会福祉活動に役立てる──。その事実だけを見れば美談なのだが、小西の場合、そのような単純な話ではない。

飛鳥会事件の公判で、検察側は現金五億円をともしび福祉会に寄付した件で、なぜ記録が残っていないのかを問い詰めた。小西は「自分が寄付したものを自分が受け取ったので受領書は必要ないと思った。ともしび福祉会は理事会を開いていないので、議事録に記載がないのは当然」と開き直った。自分が寄付し、自分が受領したという理屈は、法人の私物化を自ら語ったも同然である。

検察側は手をゆるめることなく、たたみかけた。一九九八年（平成一〇）に四億八千万円の不動産物件を購入したが、なぜ、ともしび福祉会の定期預金を解約して支払ったのかと問うた。小西は「福祉会の定期預金は、そもそも自分が出した金」と五億円の寄付と同じ論法で反論した。検察官は小西を追い詰めた。

——自分のお金だったら、自分名義の定期にすれば済むでしょう。どうしてそうせずに、ともしび福祉会の口座に入れるんですか？ 税金逃れができるからでしょう？

「はい、そうでございます」

小西は節税を素直に認めた。

後日、私の取材に小西はこう答えた。

「そうや、はっきり認めたよ。人間、考えることは、みな一緒やちゅうねん。小西邦彦（名義）では利息、税金取られる。ともしび福祉会やったら税金かからん。ほならこっち（ともしび福祉会）へ預けとくちゅうねん。ほいで要るとき使《つこ》たちゅうねん。これは確かに悪いことかしらんけど、わしは認めた」

人間みな一緒やと自分の行為を普遍化し、反省している様子はまったくなかった。

一九八〇年代半ば以降、奈良市内に建てた自宅と長男の家も、飛鳥会事件が起こる数年前まで、ともしび福祉会の所有にし、固定資産税を逃れていた。

自分が設立した社会福祉法人の金は自分の金——。そう言ってはばからない小西の理屈について、彼に近い人物はこう語る。

「施設をつくる際に、行政の補助金は建物には出るけど、土地には出ない。それは自腹でやってはった。だから『俺はこんだけ出してるやないか』と公私混同してしまう。まわりの人が、そうではないですよ、と忠告したこともあった。でも『何言うてんねん、俺のもんじゃ』と言い返してはりました」

小西には公益法人がどういう組織であるのか、理解できていなかった。仮に理解していたとしても、公私混同を正当化する自説を、死ぬまで変えなかった。

ともしび福祉会を利用した不動産売買は頻繁におこなわれていた。三和銀行で小西を担当していた岡野義市は、そのからくりを次のように説明する。

「銀行が金を貸すときに、小西邦彦の名前ではまずい。だから財団法人飛鳥会や、ともしび福祉会を使《つこ》たりした。そのほうが、かっこうがつく。小西さんはそれを見越して、福祉会をつくったり、理事長になったりしたわけやない。それは結果論で、むしろ銀行が法人を利用する判断をした」

飛鳥会事件発生後、小西はマスコミに社会福祉法人や財団法人を利用して金儲けをしていたと叩かれたが、岡野の話では小西本人ではなく、銀行側のアイデアだった。

いずれにしても小西は自分が稼いだ金で社会福祉法人を設立し、そして法人を私物化した。公私混同という点では、財団法人飛鳥会に関しても同じで、そのことが自らの首を絞める結果となる。

小西が次々と社会福祉施設を開設したのは、彼の家族とも関係があった。

飛鳥会事件の公判で、弁護人に「お年寄りや子供さんを大切にしたいと思うようになったのは、何か原因があることですか？」と問われた小西はこう答えている。

それは一つは母親の関係やと思います。母親は常々、私が悪いことをして刑務所を出たり入ったりするたびに、また事あるごとに、いつまで世間に顔向けできないことをするんや、少しは親きょうだいのことも考えよと。そしてまた何とかまっとうに生きる道を考えよというふうに怒られておったわけでございます。そういう中で教えられたことが、年寄りは今日の日本の宝、子供は明日を背負う人間やと。そういう人たちの役に立つように少しは考えよと言われていたのが一つの動機でございます。

母親の同じ言葉が、部落解放運動に参加するきっかけになった話は、すでに書いた。その教えは、福祉活動を始める原動力にもなっていた。

母親にとって小西は悩みの種だったようだ。少年院と刑務所に出たり入ったりを繰り返していたころ、母親は息子の更生を願って百度参りを踏んだ。小西の親類の話によると、飛鳥解放会館で自ら断指したあと、小西は母親に叱られることを恐れて、しばらく実家に帰らなかったという。しかし、一生会わないわけにはいかない。久しぶりに帰省したとき、息子の小指がないのを見た母親は、案の定激怒し、小西は震え上がったという。さすがの強面の小西も、母親の前では形無しであった。

母親は頼りがいのある人物として地元では慕われていた。小西との付き合いが長いある人物は、「小西さんはお母さんに言われたことは必ずやった。地元の人は、困ったことがあると、お母さんに相談した。その話はお母さんから小西さんに伝わった。その相談が僕にまわってきたこともありました」と語る。

その母親が、一九八四年（昭和五九）に急死した。昼間、小西が送った招待券で大相撲大阪場所を観戦し、帰宅後に急に具合が悪くなった。実家に帰り、動かぬ母親の姿を見た小西は、家の中にある物を手当たり次第に投げつけた。

取材でこの話を聞いた私は、映画『風雲児　織田信長』（河野壽一監督、東映製作、一九五九年）のワンシーンを思い出した。中村錦之助（後の萬屋錦之介）扮する織田信長は、父親の葬儀で、涙を流しながら位牌を睨みつけ、抹香を投げつける。後ろ楯を失った信長の落胆と、彼の荒々しい性格を映し出した名シーンである。

小西も、慕っていた母親が突然いなくなったことに、いてもたってもいられなかったのであろう。親族の一人は「もう、完全にマザコンでしたね」と語ったものだった。

父親はその数年後に病死したが、小西は「大往生や」と言い、取り乱すことはなかった。両親の葬儀は多数の参列者が訪れ、地元では語り草になった。

小西は実兄との連名で、両親の香典それぞれ約一千万円を、故郷の高槻市に寄付している。多額の香典とその寄付は、小西が〝ひとかどの人物〟であったことを物語っている。

少しは世の中の役に立てという母親の教えに加え、実子の存在も大きい。

小西は一九五〇年代前半に結婚したが、長らく子供が授からなかった。そのため、姪を養子に迎える話もあったが、一九七一年（昭和四六）に待望の長男が産まれる。長男は知能と身体に障害があり、癲癇《てんかん》の発作もあった。小西が知り合いに語ったところによれば、酸欠状態で産まれたことが障害の原因になったという。

その長男がまだ幼かったころ、日本で最高水準の医療を受けさせるべく、ある国会議員の紹介で、知人とともに東京大学附属病院に連れて行ったことがあった。その知人によると、診察した医師は手術を勧めたが、幼いわが子にメスを入れるのを不憫に思った小西は、それを拒否したという。

日本より医療技術が進んでいたとされるアメリカでの治療を勧める人もいたが、それも断っている。後年、小西はわが子の障害について周囲に「ちゃんとした病院に早くに連れて行ってたら、こうならなんだ。わしが悪かった」と語っている。

長男が三歳のとき、小西は離婚している。離婚した理由を私には「嫁はんも子供もほったらかしで運動しとった。それで別れた」と語ったが、知人によると、愛人の存在も大きいという。

息子の障害は自分に責任があると思ったのか、離婚後は引き取った。息子は小西の実家がある高槻市内の小・中学校に通い、実家の両親や兄夫婦に面倒を見てもらうことになる。

介助役として小・中学校の通学を共にした同級生の梶谷懐によると、息子は小西に似て体格は大きかったが、性格はすこぶる優しく穏やかだったという。梶谷は、友人の父親の素性を小西が逮捕された報道で知り、驚愕した。そのとき初めて小西の父親の葬儀が、なぜかくも盛大であったかを知った。

小西は一人息子を目に入れても痛くないほどかわいがった。運動会の徒競走では、最後尾で足をひきずりながら必死に走るわが子の姿を、満面の笑みを浮かべながら目で追いかけていた。

小西のわが子を思う気持ちは、方向と方法を誤っていた。大人になった長男が「車が欲しい」と言うと「ん？　車？　ほな買おか」と千二百万円のベンツを買い与えた。長男は運転ができないため、運転手兼介助者は、小西の伝手で大阪市に採用された男が務めた。

長男の成人後は、奈良市内の豪邸のすぐ近くに息子用の家を建てた。後年、小西は北新地のビルを買い取り、ビルの最上階のワンフロアに一人で住むが、週末は息子の家で二人で過ごした。

そもそも息子のために家を建てたのは、彼の結婚を考えたからだった。知り合いに声をかけ、月五十万円の手当を出す条件で結婚相手を探してもらった。首尾よく見つかったが、最終的に話はまとまらなかった。

小西は障害を持つわが子に関しては、きわめて世俗的な考え方の持ち主であった。自分は愛人をつくり、ほとんど家に帰らなかったが、息子は家庭を持つことが幸せと疑わなかった。

人一倍わが子を思う気持ちが、小西を福祉事業家の道へと導く。

一九九〇年代初頭、小西はたまたま、新聞で重度障害児に関する記事を目にした。障害児の親たちが、わが子の将来を危惧し、施設づくりを計画しているが資金難に直面している、という内容だった。小西本人の話。

「障害児を持ってる親ちゅうのはな、自分が生きてる間はどないしてでもメシを食わしていける。けど、自分が死んだら、この子はどうなるんやろ……これで悩むわけやな。記事を見たときにな、障害児の親の考えることは、みな一緒やなと思た。(記事に出ている親の会の）茨木いうたら、実家の近くやから、話を聞きに行った」

こういった行動力は、目を見張るものがある。よほどわが子の将来が不安だったのであろう。障害者施設の建設を進めるべく、故郷のある人物に相談すると「障害者の問題も大事やけど、急を要するのは特養（特別養護老人ホーム）や。特養を建ててほしい」と言われた。高齢者問題は小西のテーマでもあり、頼まれれば断れない性格である。小西はその助言に素直に従う。

その数年後、特別養護老人ホーム・高槻ともしび苑が完成する。施設内には、小西用の特別室もあった。いずれは長男とともに、自分がつくった特養に住むつもりだった。

飛鳥会事件で逮捕されたあと、新聞報道で、小西が大阪市の元職員に「福祉はもうかる。年寄りは何も分からなくなっているから、体を洗うのはホースで水をかければいい」と語ったという記事が掲載された（『毎日新聞』、二〇〇六年五月一四日）。小西は私に「なんでわしがそんなことを言うねん！」と怒りをあらわにしていた。

小西が次代を担う子供と、現在を築き上げてきた高齢者のことを考え、福祉事業に金と心血を注いできたのは事実である。その法人を利用し、税逃れや資産形成に役立てたのもまた事実である。しかし、小西に批判的な飛鳥地区の住民でさえ、新聞報道にあったように、彼が本当に高齢者を軽んじるような発言をしたのか疑問だという。

飛鳥会事件で主任弁護人を務めた渡邊淑治も、毎日新聞の報道に憤りを隠さない。

「あの記事は本人が体を震わせて怒っとった。彼のええところは、年寄りを大事にするところやろ。地元の年寄りを旅行に連れて行ってた（部落解放同盟飛鳥支部は高齢者、生活保護者、身障者とともに毎年一回、研修・慰安旅行に行った）。それも駐車場の金には違いないけども。何十人も連れて行って、年寄り一人ひとりに酒を注いで『来年も来いよ、元気でやれよ』ちゅうて言うてまわる。とにかく年寄りを大事にした。北新地の名士ばかりが来る店に二人で行ったとき、そこの女将から、父親が倒れたという話を聞いた。そしたら小西はすぐ彼女に車イスを届けたらしい。年寄りのことになったら、すぐに涙を流した男やな。だから『年寄りは何も分からなくなっているから、体を洗うのはホースで水をかければいい』なんてことを言うのは、百パーセントあり得ない」

小西が本当に元市職員にそう語ったのか？　元市職員を含め、何十人もの小西関係者を取材した私もまた、同じ疑問を持っている。

同和保育への反発、実子や高齢者への思い、さらには母親の教えなどから、小西は福祉事業家になった。保育所と高齢者施設を合体させ、子供と年寄りを交流させるのが夢で、身近な人にその計画を繰り返し伝えた。小西は私にこうも語っていた。

「なんで解放運動から福祉へ切り替えたか。わしは解放運動に限界感じるちゅうの。本ばっかり書く（理屈・理論を述べる）のはええちゅうねん。目先のことばっかりで、将来を見据えてやったもんは誰もおらへんがな。これ、言うたら悪いけど、障害者会館とかハコモノだけ立派なもんを建てても、誰も喜ぶ者はおれへん。そこでメシ食うだけや」

市立障害者会館は、大阪市内の比較的大きな規模の部落に建てられた施設である。近隣の日之出地区にあったため、飛鳥にはなかったが、小西はそれらは単なるハコモノで、内実を伴っていないと考えていた。

このとき小西は、はっきりと「解放運動から福祉へ切り替えた」と語っていた。社会福祉法人を設立した一九八〇年代はじめから、以前ほど部落解放運動にエネルギーを注がなくなっていた。

その背景には、住宅や仕事を求めて日々、運動してきた結果、同対事業十年を経て、目に見えてその成果があらわれてきたことが挙げられる。劣悪な生活環境は、あたかもスラム・クリアランスされたかのように改善された。先述したように、家賃や保育費などは格安に抑えられ、贅沢さえしなければ生活するにはさほど不自由することはなかった。大きな目標を達成した社会運動が停滞に向かうのは、部落解放運動に限らない。小西の運動に対する熱が冷めていったのは、そのような大情況と無関係ではないだろう。

加えて一九八〇年代は、仕切り屋・小西の仕事が忙しくなり始めたころである。福祉事業も始めた。小西は飛鳥がある東淀川区ではなく、大阪市の中心部である北区に飛鳥会の事務所を構え、そこに常駐するようになる。部落解放運動の現場から物理的に離れるわけであるから、住民との交流も疎遠になる。

一九八〇年代半ばに生まれた飛鳥地区の住民の中には、支部長・小西の姿を一度も見たことがなく、二〇〇六年（平成一八）の飛鳥会事件報道で初めて顔を知ったという若者もいた。かつての部落解放の闘士は、飛鳥の地を離れ、実業家兼福祉事業家に変貌していた。

何度も述べるように、一九六九年（昭和四四）から施行された同和対策事業特別措置法は、十年の時限立法だったが、その後もたびたび延長を重ね、二〇〇二年（平成一四）まで続く。

同対法施行から八年が経った一九七七年（昭和五二）。部落の企業・事業主の健全経営を目指して設立された大阪同和地区企業連合会（大企連）は、創立十年にあたるこの年に「克服すべき課題」を挙げた。

▽部落解放同盟、大企連という大きな傘の下で税金は安心、融資は受けねば損という安易な風潮が生まれている▽融資や税金・経営指導等の対策を受ける対価として解放運動に参加するという利用主義的な傾向がある▽「ドンブリ勘定」を克服されておらず、経営内容を正しく把握するための記帳にとりくまれていない、などである（『大阪における部落企業の歴史と現状』部落解放大阪府企業連合会編・発行、一九七八年）。

部落に対する優遇制度は、地区住民や企業・事業主に、安易な利用主義者を跋扈《ばっこ》させていた。また、自ら経営努力をせずに、組織や制度に依存する経営者を生んでいた。

一九八〇年代に入ると、さらに同対事業の問題点が明らかになる。

部落解放同盟飛鳥支部の方針や活動を記録した『解放ニュース』には、支部に対する不満や役員批判が載るようになった。一九八五年（昭和六〇）十二月九日に発行されたニュースには、以下の意見が載った。

○住宅の又貸しや誰が住んでいるかわからない等の問題を、支部、班長、管理人、自治会の力を団結させてとりくむべきだ。

○住宅入居の際に、支部がきっちり指導してほしい。運動にも参加しないし、自治会にも協力しない人がはいったらこまる。

○集会に参加した人に、「集まり遅い、出席悪い」と怒らないでほしい。

○東京動員の時、支部員はバスで行っているのに、役員は新幹線を利用している。不公平ではないか。

○班集会や全体集会に支部長も出席してほしい。最近見かけない。

部落住民のために建てられた住宅に、部落民ではない者が居住する問題は、飛鳥地区に限らず他の部落でもあった。本来入居すべき住民が大家になって店子《たなこ》を募り、家賃を徴収する。いわゆる、又貸しである。居住しているはずの住民が、地区外に家を建ててそこに住んでいるケースもあった。小西がそうである。奈良に豪邸を建てたあとも飛鳥地区の市営住宅は借りたままになっており、別の人物が出入りしていた。飛鳥会事件発生後、小西は市営住宅の明け渡しを求められている。

また、少なくともこのころから、集会の参加者が少ないことを嘆かなければならないほど地元住民の部落問題への関心は薄れていた。

同対事業は部落差別解消のための施策であることから、住民は部落問題を学習したり、集会などに参加したりすることが求められていた。しかし、事業は享受するが、運動には参加したくないという住民が多くなっていた。これも飛鳥地区に限ったことではなく、他の部落でも見られた問題であった。

東京でおこなわれる集会への参加は、支部員は経費を節減するため、大阪から貸し切りバスで移動していた。三億円の豪邸から運転手つきのベンツで通勤していた小西が、窮屈なバスに長時間乗車することは、もはやなかった。東京での集会に参加する際、小西は支部員とは別の一流ホテルに宿泊していた。

また、飛鳥会の事務所を他区に移転し、常駐していたため、年に一回の研修・慰安旅行に顔を出すことはあっても、地元で開催される班集会や全体集会に参加することは少なくなっていた。最近支部長を見かけないという批判は、小西がビジネスに多忙であったことに加え、部落解放運動に対する情熱が冷めていたことの証左であろう。

同対事業開始から十年余りを経た部落解放運動の様々な課題は、政府関係機関の意見書でも指摘されている。

各省庁の事務次官や学識経験者などで構成された地域改善対策協議会（地対協）は、一九八二年（昭和五七）に総理大臣と関係各大臣に意見具申した。その内容は、いまだ部落差別が残存し、それらに取り組まなければならないことを述べつつ、部落解放運動の問題点についても触れている。

要約すると、民間運動団体の要望をそのまま施策として取り上げている行政機関がある。同和問題解決の施策が、広く議論されることなく、行政と運動団体のみによっておこなわれている。環境改善事業が同和地区のみに集中し、周辺地域の妬み意識を生起している。運動団体による行き過ぎた糾弾が恐怖感を生んでいる――というものであった。

噛み砕いて言うと、行政は部落解放同盟の言いなりになって予算をつぎ込み過ぎており、第三者が入る余地がない。また部落解放同盟の激しい糾弾は、世間の「部落は怖い」という意識を拡大再生産させている、ということになろう。

　意見具申はそのように分析した上で、自由な意見交換ができる環境づくり、施策の予算や内容の公開、行政の主体性の確保、運動団体の行き過ぎた糾弾の是正を提案している。関係者がいかに部落解放同盟を警戒しているかを如実に示す意見書である。

これらの内容は、前に紹介した大阪市同和対策部の元幹部の運動団体に対する感想と似ている。すなわち、同対事業の予算は値切りたかった、交渉時の解放同盟は高圧的で、できることなら参加したくなかった……という実感である。

　部落解放運動に距離を置き始めていた小西もまた、地対協の意見具申と相通じる考えを持っていた。行政からの自立である。

「たとえ話をしたらな、親（行政）に養《やしの》うてもろてたわけや。銭くれ、銭くれ、小遣いくれと言うとったんや。行政はたまらんで。そこへもってきてな、（部落解放同盟）兵庫県連が県庁から追い出された。そういう中でわしも考えた。あ、そやがな、銭くれ、銭くれ言うんやったら、やっぱり自分らが自立せなあかんと。いつまでも言いたいこと言われへん。出てから言おうと、こう思た」

少し説明が必要であろう。同対事業によって大阪市内の部落に解放会館が建設された。部落解放同盟の各支部は、解放会館内に間借りしていた。ところが同対事業の関連法が二〇〇二年（平成一四）に終了すると、一任意団体が、市の施設に居座るのはおかしいのではないかという風潮が高まり、市は退去を迫った。

ちなみに小西が指摘する兵庫の事務所は、一九七〇年代半ばに県庁近くの公共性の高い兵庫県民会館から民間のビルへ移転している。小西は兵庫のケースを参考にして、法律が失効する七年前の一九九五年（平成七）、飛鳥解放会館から数十メートルしか離れていない土地に四階建てのビルを建設した。土地は飛鳥会、建物は小西の名義である。

この新しいビルに、飛鳥解放会館に事務所を置いていた部落解放同盟飛鳥支部と、小西が大阪市内に事務所を構えていた財団法人飛鳥会を移転した（ビルの名称はないが、以下、飛鳥会ビルとする）。〝行政からの自立〟を考えた支部長の英断だった。「うちが（部落解放同盟大阪府連の中では）一番早いんやで」と小西は誇らしげに語っていた。一番かどうかはともかく、早かったのは事実である。

飛鳥支部の移転は、思わぬ波紋を広げた。それまで飛鳥支部の執行委員会は、事務所があった解放会館でおこなわれていた。移転後初めての執行委員会は、新築した飛鳥会ビルで開かれるはず、と小西も執行委員も考えていた。ところが当時の書記長が、議題の資料類が会館にあるからという理由で、会議を解放会館で開くことを主張し、執行委員には通知したものの、支部長の小西には知らせていなかった。

会議が開かれる予定の時刻に執行委員は、飛鳥解放会館で小西支部長を待っていた。一方、小西は飛鳥会ビルで待機していた。予定の時間が過ぎても一向に執行委員が姿を見せないことに苛立った小西は、夜の町に出るべく、飛鳥会ビルを出た。そこに支部長に連絡していないことに気付いた執行委員が、急ぎ足でビルの下まで来た。複数の証言によると、小西は飛鳥会ビルの前で、

「お前ら何を考えとんじゃ！　なんで解放会館へ行って会議せなあかんのや！　ちゃんとこっちに会議する部屋があるやないか

支部事務所などが入っていた飛鳥会ビル

い！　飛鳥支部なんかつぶしてもたる!!」

と一時間近くにわたって執行委員に怒鳴りまくった。

激情家の小西ではあったが、通常はいったん怒りを爆発させると、あとには引かず、冷静になった。ところがこの連絡ミスは、あとを引いた。以後、執行委員会も支部大会も開かれなくなったのである。

飛鳥会事件の発生後、一部マスコミで、十年以上も支部大会が開かれていないことが報じられ、小西の独裁者ぶりと部落解放運動にあるまじき実態が強調されたが、事の発端は支部長以外のところにあった。

支部事務所の移転に関しては先見の明があった小西だが、運動団体、財団法人、社会福祉法人のトップの座は誰にも譲らなかった。そのことが、後年の飛鳥会事件を引き起こす一つの要因になった。

飛鳥会ビルを建設し、部落解放同盟の支部事務所を移転して三年後の一九九八年（平成一〇）。この年は、部落解放同盟飛鳥支部が再結成されてから三十年の節目にあたった。再結成の翌年に小西は支部長に就いているので、三十年にわたって支部を治めていたことになる。

　この間、小西は地区内の事業に様々なかたちでかかわった。道路や住宅などのハード面から住宅入居、仕事の斡旋まで、飛鳥の主として差配した。友人・知人のアドバイスはあまり聞かなかったが、住民の話には積極的に耳を傾けた。ときには昼間であるにもかかわらず、酒臭い年寄りが飛鳥会ビルに立ち寄ることもあった。小西は嫌な顔をせず、酔人の話に付き合った。

　支部長をはじめ支部幹部は、二年に一度開かれる支部大会にあわせておこなわれる選挙によって選出されていた。小西の対立候補はいなかったが、いつも全候補者中、最も多くの不信任票（四百票中七十票前後）があった。それでも支部長に選ばれ続けた。しかし前に述べた支部移転後の連絡ミスで、支部大会は一九九五年（平成七）以降、一度も開かれず、〝無投票〟で支部長を続ける。

　支部再建三十周年を機に、小西が支部長を降りるという噂が立ったことがあった。話を持ちかけたのは、飛鳥地区に近接する部落解放同盟日之出支部の大賀正行である。大賀自身も三十年間、支部長を務めている。

「わしは何回も『小西さん、もう引きや』と言うた。日之出支部三十周年のとき（一九八九年）わしが支部長を退いたんもそれやねん。引く必要はなかったけど、『大賀さんもまだやっとるやないか』と言われるから。小西だけちゃうで、あちこち、長いこと支部長やってる人間がいっぱいおった。みな、わしをダシにして居直りよる。小西もあそこで引いてしまえばええのにやな、これができひんねん。あそこまでやったら、引こうと思ても引かれへんなってしまうねんな」

飛鳥支部再建三十周年を目前にして、大賀は小西に大阪市内の料亭で勇退を迫った。小西はそれにどう答えたか。飛鳥支部員が真相を語る。

「小西さんが『うん』言うてくれたいうて、大賀さんは役所に吹聴した。その話を解放会館の館長経由で我々も聞いた。俺はそんなことは絶対にないと思てた。あとで聞いた話やけど、呑んでる席で支部長に近い人間が、『なんでわしに（辞めることを）言うてくれへんのですか？』と聞いたら、支部長は『誰に聞いたんや!?』となった。小西さんは大賀さんとの関係もあるし、呑んだ勢いで辞める言うただけや」

大賀は部落解放運動においては小西の師である。「いえ、辞めません」とは言えなかったのであろう。

小西が支部長に就任する前から付き合いがあった人物もまた、トップの交替を持ちかけた。

「俺が『支部長、もうええ加減に辞めたらどうや』と言うたら『支部長になる人間がおらへんねん。そやから俺がやってんねん。違う人間が立候補しても、当選せえへん』と言うてたな。『なんで?』て聞いたら『そらそうや、わしはここのためにやってきた。実績があるがな。わしが支部長を替わる言うても、誰も立候補せえへん。副支部長? あんなん、頼りのうて、できひん』。こう言うてたな。

小西にしたら、例えば就職の世話を、わしみたいにできるか、というのがあるわけや。どこの役所でも会社でも、支部長の世話で来てるから、職場も大事にするわな。そういうことが他の人間にはできひんいうわけや。解放会館は自分が守《も》りをしてると思てた」

確かに、地域はもとより行政や企業に絶大な影響力を及ぼした小西の代わりは、いなかっただろう。しかしそんなことを言っていては、いつまで経ってもトップは替わらないし、組織は若返らない。よくも悪くも小西ほどのカリスマがいないことは確かであったが、後継者を育ててきたのかというと疑問は残る。

故郷の親戚も、小西にさりげなく引退を勧めたことがある。

「本人に言うたことがあるんですよ。『邦ちゃん、こんだけ金できたら、もう楽してええんちゃうか』って。『なんでや⁉』て聞くから『俺も六十過ぎて、楽して好きなことしてる。パチンコしたり、競輪に行ったり、馬（競馬）に行ったり、気楽でええで』。こう言うたら『アホ！　俺がやめたら、泣く奴がおる。俺は絶対に死なへん。お前が死んだら、あとの面倒は俺が見たる！』。こう言わはった」

自分がいなくなれば、食べるのに困る人間が出てくる——。実際に小西のおかげで生計を立てている者は少なくなかった。俺が多くの人間の面倒を見てやっている、と小西は思っていた。そう思うことで自分を奮い立たせていたのだろう。お前が死んだら、あとの面倒は……というセリフも、金まわりと面倒見がよかった小西らしい。部落解放運動の先輩や旧友、親戚らによる引退の勧めに、小西は結局首を縦に振らなかった。

反対に現役続行を進言する者もいた。三和銀行で小西担当だった岡野義市である。

「小西さんは現役やめたい、と僕にこぼしたこともあったんや。二〇〇二年の法律が切れるころに、寿司屋で呑んでたときに言うてた。僕は現役やめたら世間の見る目も違うし、力は落ちますよ、と言うた。どこの世界でもそうでっせって。解放同盟の支部長、飛鳥会の理事長やから、まわりの見る目が違うんちゃいますかって」

小西は岡野に支部長辞任を仄《ほの》めかしながら、保身も考えていた。岡野が続ける。

「小西さんは『わし個人やったら、とっくにやられてる、お縄になってる（逮捕されている）』と言うてた。税金が大きいわな。土地取引にしても金貸しにしても、個人やったら払わなあかんから」

小西は自分の経済活動が、世間の常識から逸脱し、法に触れていることを自覚していた。だが、部落解放同盟飛鳥支部長の威光があるのでお縄にはならない、と考えていたようだ。

既得権を維持したいという考えに加え、社会福祉事業も自らの力で継続、発展させたいという考えがあった。

飛鳥会事件発生後、警察の取り調べに、金を儲けて社会を見返したかったと供述したと報じられましたが……と水を向けると、小西は次のように答えた。

「それ、事実。金がなかったらな、人を助けるなんてでけへんねん。わし、竹内（取り調べた刑事）に言うた。『あんた、もろた給料の中から、二千円でもな、どこかに寄付したことあるんかちゅうねん。あったら言うてみ、わしやっとるぞ』と。とにかく銭がなかったら、メシ食わされへんねん」

確かに小西は、稼いだ金の中から社会福祉団体に寄付していた。例えば一九八八年(昭和六三)、滋賀県の心身障害児施設・第一びわこ学園に約八十万円を寄付している。名義は飛鳥会であるが、実際は小西単独の判断であろう。なにせ理事会は一度も開かれていなかったのだから。また、彼の頭の中では、飛鳥会＝小西邦彦であったから、自分が寄付したと考えていたことは想像に難くない。

それにしても、横領容疑で取り調べ中の刑事に、「あんたは寄付したことあるのか」と問いただす容疑者も珍しい。刑事も返答に困っただろう。

小西が支部長を辞めなかった要因として、金田組の金田三俊組長の死も考えられる。飛鳥支部の再建三十周年から遡ること約十年前の一九八九年(昭和六四)、小西の親分である金田三俊が死去する。まだ五十代半ばの若さだった。

金田は飛鳥に生まれ育ったが、その後、他市に邸宅を建て、大阪市内の中心部である天神橋筋六丁目(通称天六)に組事務所を構えた。三和銀行の岡野が小西に直接聞いた話によると、一九八〇年代に入っても金田組の事務所には、まだ小西の札がかかっていたという。その真偽のほどは定かではないが、金田と小西の親分子分の関係が続いていたことは間違いない。

小西は金田から呼び出しがかかると、天六の事務所に飛んで行った。そのときだけは普段の高級外車でなく、国産車に乗って行ったという。小西の側近の話。

「天六の事務所から支部長が出てきたら、顔が腫れてることもありました。しょっちゅう呼ばれてたから、支部長にしたら悩みの種でした。金田さんが亡くなったときは、支部長は検査か何かで入院してました。金田組に出入りしてた業者が病室に来て、『サンズイさんが死んだで』と報告しましたんや。ほなら二人が、がっちり握手して、ごっつい喜んどった。そばにいたんやけど、同じように笑《わろ》たら怒られるし、あのときは困りました」

元来、小西は人が亡くなって喜ぶようなタイプの人間ではない。思い込みが激しく、傲岸な面もあったが、何よりも義理を重んじた。強圧的な親分に尽くしたのがその証左である。その小西が親分の死で握手をして喜ぶのだから、いかに金田の存在が重圧であったかがわかる。

小西は金田の葬儀には参列していない。思うところがあったのか、それとも抜けることが出来ない重要な仕事があったのかは不明であるが、親分子分の関係からすれば不自然ではある。事実、組関係者の中には「なんで小西は来《け》えへんねん」と問題視する者もいたという。

三和銀行で小西を担当していた岡野は、金田の死後、小西の形相が変わったと言う。

「それまでは険しかったで。金田さんが死んでから、顔つきがおだやかになった」

四六時中、小西と行動をともにしていた担当者の証言であるから、誇張ではないだろう。

これまで見てきたように、小西は、運動団体と財団法人、社会福祉法人のトップを長年務めてきた。小西の一声で公共事業が進展し、様々なトラブルが解決した。人脈は、部落解放運動、行政、政界、警察、国税、銀行、建設業界など各界に広がり、絶大な影響力を持つに至った。

「怖いもんなしやがな」

小西をよく知る人物は〝飛鳥のドン〟をそう評する。

その小西にとって頭が上がらなかったのが、前にも述べた実の母親と、二十代のはじめに親分子分の盃を交わした金田三俊である。母親は一九八〇年代にすでに亡くなっている。そして金田も鬼籍に入った。小西に恐れるものはなくなった。

後年、小西は自らが経営するスナックの若い従業員に、次のように語っている。

「今は我慢しとけよ。お前より目上の人間がいっぱいおって鬱陶しいかもしれへんけど、お前より先に死ぬねんから。上はどんどん死んでいく。言いたいことを言わしとけ。いずれお前の順番が来る」

この言葉は、小西の人生経験から発せられたものであろう。小西にとって「目上の人間」が誰であったか、あらためて言うまでもない。

金田の歿後《ぼつご》、小西はそれまで組長に渡していた西中島駐車場の売り上げが自分のものになると考えた。屋台が集結し、ゴミ捨て場にもなっていた高架下の空き地を、小西がテキ屋の親分や大阪市と交渉し、完成させた駐車場である。

小西は親分が亡くなったわずか三ヵ月後に自分名義の口座を開設し、飛鳥会事務所に常駐する三和銀行の行員に駐車場の売り上げを振り込ませた。本人や家族がその金を使い、残高が少なくなると、行員に再び入金させた。

駐車場の売り上げは一日平均六十万円あった。一年間で二億二千万円である。そのうち地代や人件費を差し引いた七千五百万円が小西の懐に入った。ただし、金田の死後も組の関係者に、毎月二百万円を現金で渡していた。年間二千四百万円である。小西は、最後まで親分の桎梏《しっこく》から逃れることができなかった。しかし、それを差し引いても、年間五千万円余りが小西の懐に入った。

部落解放同盟大阪府連の元幹部によると、一九七〇年代に小西が何かの仕事で十億円の稼ぎがあったので金田に三億を持って行くと、親分は「それ、逆やろう」と言ったという。三億はお前にやるから七億を俺に寄こせ、というわけである。金田にしてみれば、誰のおかげで支部長になれたんや、ということなのだろう。小西は金田に搾られるだけ搾られたが、親分の死後はそれらを取り返すべく、西中島駐車場の売り上げを自分のものにし、散財する。

部落解放同盟飛鳥支部の支部長、財団法人飛鳥会の理事長を辞めれば、その〝役得〟を手放さなければならない——。小西はそう考えたに違いない。

成人してからの小西の人生は、金田組とともにあったといっても過言ではない。小西と付き合いが長いある人物は、金田組に所属する小西であるからこそ、仕事ができていたのだという。

「あの人（金田）の力がなかったら、ただ『俺は小西や！』言うても『小西？　どこのもんや？』ということになる。サンズイさんがおるから相手はビビるし、大阪府連の行動隊の副隊長やいうても通るねん。小西を殴ったら、金田組とケンカになる。だから本人はサンズイさんがおるから伸びた。『サンズイの若い衆です』と言うたら、みんな一目置くわけや」

飛鳥会事件の舞台となった西中島駐車場

山口組直参である金田組の看板が利用でき、その効力はあったというわけである。前述したように、小西は組に入った理由を「一人でやるより、組織の力ちゅうのはある」と語っていた。

そもそも、小西が生業にしていた地上げや金貸しは、ヤクザとの関係を抜きにしては語れない。

「ヤクザは必要ですか？」という私の直截的な問い

に、ある開発業者は即答した。

「要る、要る。『工事がうるさい』とかいうヤクザが出てくるから。その前捌《まえさば》きが要るんですわ。必要な経費は、工事代に上乗せしたらええねん。それは当たり前やろ。ヤクザ同士の縄張りもあるし。それと地上げで地権者がなかなか立ち退かんとき、大手のゼネコンも、簡単には手を出されへん。そこをなんとかする。地権者が店を経営してたら、黒い服の男が毎日、店に行く。毎日来られてみいな、客が逃げてしまうがな。店側は堪らんで」

黒服の男は店内で暴れるわけではない。ただそこにいるだけで威圧感がある。かといって店側は客に対して「出て行ってくれ」とは言えない。堅気にはできない嫌がらせである。

同じ質問を在阪の元組長にしてみた。

「絶対必要。建築工事なんかのときには絶対必要やで。ヤカラされたら（無理難題言われたら）仕事なんかできひん。大手の建設会社も近隣協力費とか出してるやんか。何あれ、ヤクザに行く金や。関空（関西国際空港）や名古屋（中部国際空港）なんか、何百億と流れたと言われとる。生コンは一立米《りゅうべい》につき、なんぼて渡してるらしいからな」

小西が地上げに取り掛かる際も、やはりどこかの組がバックについていた。頼りになる組は、そのときどきによって違った。親分である金田三俊の歿後も、他のヤクザとの付き合いは続いた。むしろ関係は深くなり、ヤクザの抗争に巻き込まれることになる。

もとより小西邦彦という男は、根っからのヤクザ気質だった。前出の元組長はこう語る。

「気性はヤクザもんや。任侠の血が入っとる。それは間違いない。人が困っとるいうたら助ける。わしは関係ないということはない。絶対、話は聞く。昔はケンカも好きやったし、女も好きや。『女、好きや―』て、自分でも言うてた」

小西は気の許せる仲間に「ヤクザは嫌いや」と常々語っていた。だが、見た目も生き方も、ヤクザそのものである。地上げや金貸しを生業とし、親分同様、豪邸を構え、高級外車に乗り、高級腕時計をコレクションした。また、複数の愛人を持ち、仲間を引き連れて呑み歩いた。取り巻き・側近を「うちの子」と呼び、彼らもまた小西を「オヤジ」と慕った。部落解放同盟飛鳥支部長は、いわば小西組の組長でもあった。

小西は一九七〇年代以降、大阪市内の組織に所属する組員二人を財団法人飛鳥会の職員として受け入れている。二人が所属していた組長が、小西から金を借りやすくするために組員を差し向けたという。ちなみに二人とも片方の小指はなく、後に組から離れている。

最初にわらじを脱いだ山本隆（仮名）は、小西のボディーガードや運転手を務め、またビジネス上の防波堤にもなった。小西のビジネスをそばで見ていた側近の一人は、山本の働きを次のように語る。

「山本さんは小西さんにぴったりついて、利用しようとして近づいてくる人間を警戒してました。どこからか情報を集めてきて、『あの人は信じない方がいいですよ。あの話は乗ったらあきません』とかアドバイスしてました。面倒くさそうな人が会いに来ても会わさんとか。山本さんがいた組の親分は役所と仕事がしたかったみたいで、小西さんに会いに来てたけど、山本さんが切ってはった。小西さんに迷惑をかけんようにしてたんでしょうね。とにかく山本さんは小西さんが好きでした。携帯電話には『オヤジ』って入ってましたからね」

山本には小西の名前を使って仕事をすることも許していた。公共工事の差配などである。

組を離れたとはいえ、小西も側近もヤクザ臭が抜けなかった。小西が飛鳥会ビルに出勤すると、いかつい男たちが直立不動で「おはようございます!」と挨拶した。まるで組事務所である。

ただ、小西が大物ヤクザと違ったのは、さほど着る物にはこだわらなかったということである。若かりしころは、二千万円の現ナマが入った紙袋を下げてステテコ姿で北新地に乗り込み、高級クラブでグラスを傾けていたこともあった。なんともアンバランスな光景ではある。少々の雨では傘もささなかった。

金田組の関係者以外で小西と付き合いが深かったヤクザでまず挙げられるのは、生《いく》島久次《しまひさじ》(高佑炳)である。生島は一九七二年(昭和四七)に生島組を結成し、大阪・ミナミを根城に、金融業、債権取り立て、賭博などで財をなした。経済ヤクザの走りの一人で、一九八〇年代初頭には二百億円、バブル経済時には数千億円の資金力を誇っていたとされる。

一九七〇年代に生島組傘下の組幹部の仲介で、小西は生島と知り合った。お互い気が合ったのだろう、両者を知る人物によると「支部長は毎日、大阪駅前第三ビルにある生島さんの事務所に行ってた。二人は二戸一《にこいち》みたいに動いとった」という。二戸一とは、外見は一戸建てだが二戸が接合した住宅で、転じて仲のいい二人組をいう。ビジネス上の関係も深く、三和銀行の極秘資料によると、小西は一九九〇年（平成二）四月十一日、同行から借りた二十七億三千六百六十二万七千円を、生島が実質的にオーナーを務める日本不動産地所に転貸している。ちなみに同社は、税務対策で威力を発揮した大企連飛鳥地区企業者組合に加盟していた。無論、小西とのつながりがあってのことである。

大阪で生まれ育った小西が、奈良市内に私邸を構えたのは、その近くに生島が住んでいたからであった。両者の墓も、自宅近くの同じ霊園内にある。

第一章の冒頭に書いた、一九八二年（昭和五七）の横綱千代の富士蹴り上げ事件では、小西の代理人として生島が事態の収拾にあたった。当時の相撲界は、興行の関係でヤクザ組織とのつながりが深かった。千代の富士・九重部屋側からも大物ヤクザが出てきたが、生島は丸く収めることに成功する。小西が生島に借りができた格好だが、翌年、立場は逆転する。

三和銀行玉出支店（大阪市西成区）と大阪駅前支店（同市北区）の個人用貸金庫か

ら、ピストル十二丁と実弾七十五発が見つかった。言うまでもなく、三和銀行は小西の自陣である。武器の保管庫として生島が、小西ルートで貸金庫を使用していた。生島はこの事件で指名手配され、逃亡生活を続けるが、小西の側近によると、その間も小西とは会っていたという。時効が成立し、生島は引退するが、ビジネス面ではヤクザとの関係は続け、一九九六年（平成八）、凶弾に倒れる。

ヤクザとの関係が深かった小西は、はからずも抗争に巻き込まれている。

一九八五年（昭和六〇）、山口組四代目組長に就任してわずか半年後の竹中正久が、跡目争いの余波で、大阪府吹田市の愛人宅マンションで射殺された。この愛人宅が小西の名義だった。生島組を引き継いだ生島の実弟が小西に依頼し、借りた物件だった。

事件を夕刊紙で知った三和銀行の岡野義市は、小西に紙面を見せた。小西は自分の名前が記事に出ていることと、名義を貸した部屋に四代目が関係していたことに驚いたという。

あまり知られていないが、小西は山口組の最高幹部とも縁があった。小西がそれを求めたこともあれば、逆のケースもあった。

山口組は四代目の竹中が殺害された後、しばらく組長を置かない暫定体制が続き、渡辺芳則が若頭に就いた。若頭は組長に次ぐナンバー2である。渡辺は後に五代目組長に就任するのだが、ある関係者によると、小西は渡辺が山口組の若頭だったとき、五千万円を送金している。なぜ、送ったのか、真相は謎だが、まだ存命だった親分の金田を牽制するために送ったのではないか、とその関係者は見ている。

また、山口組の五代目組長を狙えた渡辺の覚えがよければ、何かあったときは役に立つという判断もあったのではないかという。小西の仕事は堅気相手だけではない。ヤクザとのトラブルでは、極道の最大組織である山口組の最高幹部の威光があれば睨みがきくと考えたとしても不思議ではない。

ちなみに小西は山口組三代目組長・田岡一雄の長男で堅気の満《みつる》にも盆暮れの付け届けを欠かさなかった。念には念を、と考えていたのだろう。

小西は五代目組長になった渡辺とは、少なくとも二度、面談している。間に立ったのは、後に小西とは切っても切れない縁となる中野会の会長・中野太郎だった。ヤクザの世界でも〝同和の小西〟の名は知れ渡っており、中野が小西に会うことを切望し、両者と近いヤクザの紹介で、一九九〇年代初頭に二人は初顔合わせしている。

一九七〇年代に山口組の直参（直系）の会合で、小西が北新地にサウナを開く話題が出たが、親分の金田がそれを知らず激怒したことは触れた。すでにこのころから、小西は極道の世界でも知られていた。

中野は渡辺と同じ兵庫・神戸に拠点を置く山健組の出身で、お互いを愛称で呼ぶほど昵懇の仲だった。渡辺が山口組の組長時、中野は若頭補佐だった。ナンバー2を支える大幹部の一人である。

中野は引退・廃業したヤクザの受け皿として、何らかの福祉施設が必要ではないかと考えていた。福祉事業といえば小西である。かくして中野の仲介により、山口組のトップと、かつて山口組の直参であった金田組の出身で、極道の世界でも名を知られていた小西との会談が実現する。

二人は山口組の本拠地・神戸市内の有馬温泉にある高級旅館と小西御用達の大阪市内の料亭で計二回、会った。関係者によると顔合わせ程度だったらしいが、それにしても山菱と荊冠の巡り合いは興味が尽きない。会談の議題である福祉事業は、その後、仲介役の中野が山口組内で起きた抗争の渦中の人となり、それどころではなくなった。

極道との付き合いが原因で、小西は恐喝にも遭っている。

酒を抜く目的もあって、小西は年に一度は、検査のために入院していた。一九九〇年（平成二）前後に大阪府茨木市内にある病院に入院していたとき、付き人が帰った夜、三人組の組員（所属する組はバラバラだった）が病室に侵入し、小西を目隠しした上、近くの山中に連れ出した。

男たちはスコップで穴を掘って小西を埋めることを示唆し「五億円を出せ。息子の身に何があっても知らんぞ」と脅迫した。障害を持った息子のことを出されると、さすがの小西も屈せざるを得ず、了承すると、その日に病室に帰された。

山中に連行される際、目隠しされていたが、三人組のうち、一人の声に聞き覚えがあった。翌日、その話を側近の山本にした。組から引き抜き、飛鳥会の職員として迎え入れた元組員である。山本は小西が最も信頼していた組長の山村和男（仮名）に事情を話した。山村は数十人規模の組を率いており、組員総出で恐喝した男の居場所を突き止めた。山村の話。

「声でわかったヤクザの家を調べて、そいつの家の前で交替しながら二、三日張ってた。家から出てきたところをつかまえて、一緒にタクシーに乗った。運転手には口止め料を渡して『知らんふりしとけよ！』と釘刺したら『わしもこんなん好きでんねん』言うとったわ。その男から、あとの二人の名前も歌わした（自白させた）。二人はあとでわしらがけじめをつけた。

最初につかまえた男は、タクシーでそのまま支部長とこに連れて行った。支部長はその男を解放会館の地下のボイラー室に連れて行って、ごっつい皮靴で蹴り上げて半殺しにしとった。『支部長、もうやめときなはれ。それ以上やったら死にまっせ』と言うたら、ようやくやめよった。ものすごい腹立ててた。あの人、息子のことを言われたら腹が立つからな。息子のことになったら弱いもん」

金持ちの部落解放同盟支部長が脅され、失敗すると、その報復として、差別をなくすための解放会館の中で、血みどろの暴行がおこなわれていた――。表沙汰になれば、スキャンダルになりかねない出来事だった。障害者の息子をネタに脅せば大金を引っ張れると考えたヤクザの犯行だったが、実行グループがばれ、未遂に終わった。

一九九〇年前後といえば、バブル経済全盛のころである。小西の周辺には、金の匂いを嗅ぎつけた野良犬のようなヤクザがうろついていた。

小西の人付き合いは、まさに来る者拒まず、であった。ヤクザとの交際は、危険を伴う。下っ端の組員であれば、さほど問題はないのだが、小西の場合、大物も含まれる。ある組長と昵懇になれば、敵対する組を敵にまわすことになる。下手をすれば命を狙われかねない。実際、小西は山口組の抗争に巻き込まれていく。

一九九六年（平成八）七月、小西が親しくしていた中野会会長の中野太郎が、自宅近くの京都府八幡市の理髪店にいたところを会津小鉄会の組員に狙撃された。京都は会津小鉄会の牙城である。防弾チョッキを着用していた中野は命拾いした。会津小鉄会側は返り討ちにあい、二人が射殺される。

中野太郎率いる中野会は、神戸を拠点にしていた。その中野が、なぜ銃撃されたのかには諸説がある。京都への勢力拡大を目論んだ中野会への報復、山口組の内紛に第三者組織であった会津小鉄会が利用された、などであるが、その詳細は未だにわからない。

両者の抗争は、渡辺芳則が山口組五代目組長に就任後に若頭になった宅見勝らの仲裁で収まる。宅見と中野は、山口組の運営や組内の派閥をめぐって敵対関係にあった。このときも、自分抜きで手打ちとなったことを中野は快く思っていなかった。

同年八月には、前に述べたように、小西と「二戸一」の関係であった生島久次が、大阪駅前第三ビルで射殺されている。生島と中野は互いにビジネスパートナーであった。小西もまた両者とは兄弟分と言えるほどの仲である。生島の暗殺は、屈指の資金力を持つ生島と、飛ぶ鳥を落とす勢いであった中野会が結びつくことを恐れたグループの犯行と見られている。かくして小西と付き合いが深い組長、元組長が、次々と命を狙われた。

翌一九九七年（平成九）八月、山口組ナンバー2の宅見が、中野会系の組員で構成される狙撃班によって、神戸市内のホテルのティーラウンジで射殺される。このとき、流れ弾が近くにいた歯科医師に命中し、死亡した。

ナンバー2を失った山口組は、中野会を絶縁処分にする。ヤクザの世界から永久追放する、最も厳しい処罰である。一般人が抗争の巻き添えになったことも厳罰に処する理由となった。以後、山口組の傘下組織は、中野会系の組事務所に発砲したり、ダンプカーを突入させたりして、報復攻撃を続けた。約半年の間に三十七件もの報復がなされ、二人が死亡し、十人が負傷している。攻撃は小西の膝元にも及んだ。

宅見暗殺の翌月、飛鳥会ビル一階のシャッターに、五発の銃弾が撃ち込まれ、うち四発が貫通していた。深夜の犯行で、狙撃犯は、そのまま逃走した。

大阪本社発行の新聞各紙は「部落解放同盟支部に発砲」などの見出しで報じた。飛鳥支部は飛鳥会ビルの一階にあったため、「同盟支部に発砲」と報道されたのだった(ちなみに小西が常駐していた飛鳥会の事務所は三階にあった)。

記事は発砲があった事実が簡単に述べられているだけで、一般読者は、なぜ部落解放同盟が狙われたのか、不思議に思ったであろう。言うまでもなく、中野との付き合いが深い小西に対する敵対勢力からの警告であった。中野会に近いある人物が、発砲事件の背景を説明する。

「支部長は中野会がついてることで、ものすごい金儲けした。仕事はしやすかったはずや。どこの地上げもヤカラが入ってない。中野会いうたらどこの組も絶対手を出さへんからな。(発砲は)支部長の金儲けに腹が立つ連中がやったんか、(中野会との)付き合いをやめよという意味でやったんか、まあどっちにしても離れえよ、ということやろな」

小西の側近たちは、飛鳥会ビルへの発砲事件直後、臨戦態勢に入っている。小西が飛鳥会に引き入れた元組員の一人は、故郷に帰って別の仕事を始めていたが、非常事態で招集され、再び小西のもとで働くことになる。中野会系の組長だった人物の回想。

「山本さん（元組員で小西の側近）から『悪いけど、道具（ピストル）貸してえな』と頼まれたけど『あらへん』言うて断った。あるけど、出せへんかった。もし万が一のことがあったら、わしとこが引かれる（逮捕される）からな」

ピストルの出どころがわかれば、譲渡した側の罪も問われることになる。

小西に向けられた銃口が、再び火を噴くことはなかった。しかしヤクザの経験がある小西は、自分がどういう情況に置かれているのか、わかっていた。飛鳥会ビルへの発砲から約一ヵ月後、身内に手紙を書いている。

前にも述べたが、小西は一九八〇年代初めに飛鳥会事務所の事務員との間に二人の娘をもうけ、自身の還暦を機に籍を入れている。

手紙は、当時十代半ばの長女に宛てて書かれていた。このとき、小西は六十四歳。内容は娘の誕生日を祝う短いものだったが、そこには意味深長な文章がつづられていた。出張で滞在していた三重県のホテルの便箋には、小西独特の縦に長い字で、次のようにしたためられていた。

邦子ちゃん
お誕生日おめでとう。パパは出張中で、一緒にお祝いが出来ず残念です。邦子ちゃんが玄関前で飼っていた金魚が、はねとんで死んだ金魚を、可愛相だといって泣いた姿を想い出しています。

また、生まれたばかりのネコを持って帰って来た邦子ちゃん。そんな気持のやさしい邦子ちゃんが、15才になったとは、半分おどろいております。

これからは将来のユメというか、希望を持って一人の人間として人生を考えて下さい。

パパの大好きな邦子ちゃんに。

小西邦彦

文面からは、子煩悩な父親の姿が浮かんでくる。しかし誕生日を祝福する手紙に、自宅で飼っていた金魚の死や、捨て猫を拾ってきた話題を書くところに、当時の小西の心境がにじみ出ている。飛鳥会ビルへの発砲で、死を身近に感じたがゆえに、自分の娘の将来が気になりだしたのではないか――。今も父親からの手紙を大事に持ち続けている長女は、そう考えている。

小西が長女に手紙を書いたのは、これが最初で最後であった。

山口組傘下の組織、とりわけ宅見に近い組は、中野会に対する攻撃の手を緩めなかった。一九九八年（平成一〇）には、暗殺の首謀者と目されていた中野会若頭補佐が、韓国・ソウルにおいて変死体で発見された（中野会が口封じのために殺害したとの説もある）。

翌年には中野会若頭が、二〇〇二年（平成一四）には副会長が射殺されている。副会長の暗殺は、山口組系天野組の組員によるものだった。

天野組は大阪市内南部に本拠地を置く組織で、組長の天野洋志穂《よしお》（金政基）は、宅見組の副組長を務めていた。小西とは古くからの付き合いで、ビジネス上のパートナーでもあった。晩年まで交遊を続け、小西の葬儀にも参列している。葬儀の参列者は、小西が生前に指名した数十人しかいない。本人が最後まで身内と認めた人物の一人であった。

中野会率いる中野と小西が懇意の間柄であることはすでに述べた。親分である宅見を殺された天野と、その宅見と反目していた中野。小西は両者と仲が良かった。

「友達同士がケンカしてかなわんのや……」

宅見暗殺後に続いた抗争で、小西は親しい者にこう漏らしている。「来る者拒まず」で付き合いを続けているうち、友人同士が抗争を始めた。その渦中で、小西は命が縮む思いをしていた。

宅見の暗殺と飛鳥会ビルへの発砲から六年後の二〇〇三年（平成一五）。中野会会長の中野太郎が脳梗塞で倒れた。京都府八幡市に住んでいた中野は、救急車で大阪市立総合医療センター（大阪市都島区）に運ばれた。

中野はその数年前にも胆石を患い、小西の口利きで同じ病院に入院していた。都島区は飛鳥地区がある東淀川区に隣接しており、小西の〝守備範囲〟である。大物組長の治療は、抗争を恐れてどの病院も敬遠するのだが、小西の伝手でなんとか入院できたのだった。

中野の脳梗塞は重篤で、数ヵ月入院した後、小西が経営する特別養護老人ホーム・高槻ともしび苑などに入所している。その費用は小西が出した。

宅見暗殺後、常に命を狙われていた中野には、どこに入院・入所してもジュラルミンの楯を持った警官が張り付いていた。

最盛期には六十四団体、千七百人の勢力を誇っていた中野会だったが、山口組から絶縁されたあとは組員が減少し続け、二〇〇五年（平成一七）、解散に追いやられる。小西と親交を深めた中野は、今は関西を離れ、故郷の大分で静養を続けている。

小西が面談し、かつては中野のボスであった山口組五代目組長・渡辺芳則もまた、同じ年に引退した（二〇一二年に死亡）。

小西と縁がある組長たちは、次々と現役を退いた。それでも七十歳を超えた小西は、運動団体、財団法人、社会福祉法人のトップに居座り続けた。

しかし渡辺や中野が引退した翌年、小西は飛鳥会事件によってすべての地位を失うことになる。

第五章　ゆがんだ棺

逮捕される一年ほど前から、小西には大阪府警の尾行がついていた。買い物をするために小西がよく利用していた阪急百貨店うめだ本店にも、そして夜の北新地にも刑事の姿があった。小西の耳にも、警察が捜査に動いているという情報は入っていた。

在阪のマスコミも取材を開始し、小西に接触してきた。飛鳥会事件の公判で、小西が裁判所に提出した陳述書には、記者とのやりとりの中で、自分がどんな罪で狙われているのか、それを知ってどう思ったかが記されている。

要約すると、大阪府警は、小西が大阪市開発公社から不当に安い地代で駐車場を借りている、と見ていた。罪状は特別背任である。小西にしてみれば、駐車場の地代は、財団法人飛鳥会と公社が一年ごとに交渉し、契約したもので、「安くしろ」と脅した事実はない。したがって特別背任が成立するはずがない――。

事実、後に小西が逮捕された主な罪状は、業務上横領であった。飛鳥会に入るはずの駐車場の売り上げが、小西の個人口座に移し替えられ、私的に流用されていた、というものである。

飛鳥会事件の発生後に大阪市財政局がまとめた『旧西中島駐車場に関する調査報告書』にも「大阪市として収入すべき対価については、（中略）大阪市道路占有料条例、同施行規則に定められた所定の金額を㈶飛鳥会から公社を通じて駐車場開設当初から収入していた」と述べられている。条例に基づき、徴収されていたわけである。ただし、駐車場の利益は年間二億円以上あったが、七千万円と過少申告されていたので、仮に「安くしろ」と脅していなかったとしても、小西が狡猾であったことに変わりはない。

警察が内偵しているにもかかわらず、小西は「わしは大丈夫」と思っていた。「まさか捕まるとは思ってなかった」と私にも語っている。

それだけ自信があったのは、小西に幅広い人脈があったからである。警察もその例外ではない。飛鳥地区を管内に含む東淀川警察署の署長が替わるたびに、新任の署長が飛鳥会事務所に挨拶に訪れた。小西はそのたびに身銭を切って料亭で歓迎の宴を開いた。小西の口利きで民間企業に再就職した退職警官は、一人や二人ではない。

しかし、飛鳥会事件の捜査を率いていたのは、小西と通じていた府警四課（暴力団対策）ではなく、二課（詐欺などの知能犯）だった。「自分の捜査情報は入らんかった」と小西は側近に漏らしている。

小西包囲網は、当人およびその周辺の知らないところで狭まっていた。それは長年続いた同和対策事業の終焉と無関係ではない。

二〇〇二年（平成一四）の同対関連法の失効後、堰を切ったように部落解放運動や同和行政にかかわる不祥事が次々と摘発された。

二〇〇一年（平成一三）に国内で初めて牛海綿状脳症（ＢＳＥ）の感染牛が確認され、政府は全頭検査を開始した。それ以前に解体した国産牛肉は、国が買い取った。

二〇〇四年（平成一六）、大阪府警は、輸入牛肉を国産牛肉と偽り、五十億円を詐取したとして、浅田満と浅田率いるハンナングループの幹部ら計十一人を逮捕した。浅田は大阪府羽曳野市内の部落で生まれ、家業の食肉卸を巨大産業に成長させた立志伝中の人物で、地元の部落解放同盟向野《むかいの》支部や業界団体の幹部を務めていた。二〇〇五年（平成一七）に大阪地裁で懲役七年、二〇〇八年（平成二〇）に大阪高裁で同じ判決が下された（最高裁まで争ったものの、二〇一五年に懲役六年八ヵ月の刑が確定した）。ちなみに浅田の保釈金は、過去最高の二十億円であった。

浅田の逮捕後、小西は複数の知り合いに「羽曳野（浅田）がやられた。（大阪府警は）同和関係を全部やるつもりやで。俺なんか無茶してきてるから、まあ来るで」と漏らしている。厳しい表情ではなかったというから、深刻には考えていなかったようだ。

二〇〇五年（平成一七）には、部落解放同盟大阪府連傘下の大阪府同和建設協会（同建協）に加盟する造園業者と大阪市の担当係長が、その翌年には別の造園業者と市の担当課長および課長代理が、競売入札妨害で逮捕された。いずれも市が発注する街路樹維持管理業務委託で、同建協加盟業者が落札できるよう優遇したとされた。逮捕された課長は、公判で同建協加盟企業への優遇は「オール大阪（市全体）で当たり前のように行われていたし、入札全般を所管する財政局でも実施されていた」「30年以上続いており、市長も含め幹部職員なら誰でも知っていた」と述べている。また、同じ公判で係長は、同対関連法の失効後も財政局が「同建協方式（加盟業者を優遇するシステム＝引用者註）を継続する」と言明した、と述べた（『朝日新聞』二〇〇六年五月一二日）。

市職員にしてみれば、「これまでしてきたことを遂行しただけではないか。ましてや財政局のお墨付きもあったではないか」と言いたかったであろう。

逮捕・起訴された三人は、その後、大阪地裁で、課長に懲役一年二ヵ月、他の二人には懲役一年(いずれも執行猶予三年)の判決が下された。

明らかに同対事業、同和行政に対する外部の見方が変わりつつあった。

さらに不祥事は続く。大阪市浪速区の部落に、当初は診療所として一九五七年(昭和三二)に開設された芦原病院は、民間病院(医療生協)ではあったが、一九七四年(昭和四九)から破綻する二〇〇五年(平成一七)まで、大阪市から百三十億円の無担保融資を受けたものの、返済されていないことが大々的に報道された。

市はそれらの融資を同対事業として位置付け、支援していたが、あまりに巨額な負債と放漫経営が、飛鳥会事件発生の直前に問題となった。芦原病院の外壁には、全国水平社と部落解放運動を象徴する荊冠が目立つように描かれていた。

百億円を超える金が消えたにもかかわらず、この問題は逮捕者が出なかった。小西は生前、「あれはたまたま、〇〇がおったから止まっただけのことやがな」と地元の保守系代議士の名前を挙げ、意味深長なことを語っていた。いくらかを議員に渡し、事件を握りつぶしてもらった、ということであろう。多くを語ろうとしなかった小西も、何らかのかたちで関与していたような口ぶりだった。

一九九〇年前後に芦原病院に勤務していた看護婦は、病院の実態について次のように語る。

「看護婦や事務員は地元を中心に採用されてて、普通の病院の一・五倍もいた。仕事が楽になるはずやろ？　なれへんねん。そのうち何割かがサボるから。看護婦は靴の後ろを踏んでガムを噛みながら歩いてる。事務員は残業の時間帯にテレビを見て遊んでる。点滴を落とす時間が計算できひん看護婦もいた。これは命にかかわることやろ」

同対事業によって地元雇用された人間は、あまり働かないという話をほうぼうで聞いた。無論、そうでない例はいくらでもあるが、部落民であれば簡単に就職できるシステムが、熱心に働かない人間を生んだのも事実である。

芦原病院問題と飛鳥会事件を受け、大阪市は関淳一市長（当時）の減給を含む市職員百五人を大量処分する。局長級は十九人で、うち一人は芦原病院問題と飛鳥会事件の双方にかかわる部局を管轄していたことから諭旨免職という重い処分を受けた。逮捕・起訴もされずに免職になるのは、極めて異例である。

飛鳥会事件発生の三ヵ月後には、大阪府八尾市の部落解放同盟安中《やすなか》支部相談役の丸尾勇が、市が発注する公共事業で、下請け業者から現金百万円を脅し取ったとして恐喝罪で逮捕された。

丸尾は市営住宅の改修工事を請け負った業者に対し、知人の会社に仕事を回すように要求したが、業者が断ったため「八尾で仕事ができないようにしてやる」などと脅し、地元寄付金の名目で百万円を脅し取っていた。

別の工事でも同様に恫喝し、八十万円を受け取っている。また、市立保育所の民営化をめぐって、自分が評議員を務める社会福祉法人に移管するよう市側に無理強いしたとして職務強要罪で再逮捕された。

丸尾は小西とも接点があり、共通点も多い。ともに元組員で、部落解放同盟支部の幹部や社会福祉法人の役員を務めている。丸尾も小西同様、地元の顔役として公共工事などに絶大な影響力を持ち、ゼネコンなどから工事の受注額の約三％を受け取っていた。

「丸尾は、小西さんのエピゴーネンなんですよ。小西さんをなぞるようにして生きてきた」

丸尾を知る人物が、そう語る。丸尾もまた、解放同盟と暴力団の二枚看板で、様々な事業を仕切ってきた。大きな事業にはゼネコンが参入する。ゼネコンにはバックに暴力団が控えている。それに対抗するには、やはり暴力団の名刺が必要だったのではないかという。

丸尾が部落解放運動に近づいてきたとき、地元支部は警戒したが、当時の府連幹部の調停によって、同和対策事業を請け負う役職に就いた。府連幹部とも丸尾とも昵懇であった小西が仲介したと言われている。

小西は生前、丸尾について「あれもヤクザしとって、わしが『お前、堅気になれ』言うたんや。それからしばらくは、わしの運転手しとったんや。あれにも動機も背景もある。行政は（都合が）ええときは利用しよったわけや。悪なったら手の平を返したわけ」と語った。小西は、〝子分〟であった丸尾と自分を重ねあわせて考えていた。

恐喝罪と職務強要罪に問われた丸尾は、後に大阪地裁で懲役四年六ヵ月の実刑判決を受けている。

不祥事の摘発は大阪だけではなかった。京都市では、二〇〇三年（平成一五）から三年間に、傷害、窃盗、横領、無断欠勤、無免許運転、猥褻行為などで市職員七十人が懲戒処分を受けていることが飛鳥会事件の発生以前から問題になっていた。

桝本頼兼市長（当時）は、「同和行政の大きな柱として『優先雇用』をしてきた。甘い採用をしていたのは事実で、不祥事の要因の一つだ」などと発言した。

これに対し運動団体は「同和地区出身の個人の不祥事について、まるで同和地区全体をさすように発言するのは差別を拡大再生産するものだ」（部落解放同盟京都府連合会）、「一部の人が不祥事を起こしているが、大半は一生懸命働いている」（自由同和会京都府本部）、「市長自らの責任を免罪し、旧同和地区住民にその責任を転嫁する許されざるもの」（京都地域人権運動連合会）などと反論した。ちなみに自由同和会は自民党系、地域人権運動連合会は共産党系の運動団体である。

飛鳥会事件の発生から三ヵ月余り後、京都市は、市長、副市長、局長ら七十七人の減給処分に踏み切った。

奈良市では市職員で部落解放同盟奈良市支部協議会の副議長・中川昌史が、病気を理由に五年九ヵ月で八日しか出勤していないにもかかわらず、ほぼ全額の給与（約二千七百万円）を受け取っていたことが飛鳥会事件発生の約半年後に発覚し、懲戒免職となった。これを受け、藤原昭市長（当時）は、自身と助役ら二十八人を減給処分とした。

このあと、中川は運動団体幹部の立場を利用し、市幹部に入札に関して圧力をかけたとして職務強要罪で逮捕された。中川は休職中に妻が経営する建設会社の営業マンとして公共工事を受注すべく、市の各課をまわっていた。後に奈良地裁で、懲役一年六ヵ月（執行猶予三年）の有罪判決を受けている。

続発する不祥事を偶然と見るのは不自然であろう。明らかに権力側が、何らかの意図を持っていたことは疑いようがない。

部落差別は、賤民などの身分制度がなくなった近代以降も残存した。前近代的な部落差別が残る一方、それにあらがうべくして興った部落解放運動は、同対法という後ろ楯を得て、勢力を拡大していった。マイノリティの一任意団体が、行政に絶大な影響力を持ち、住環境、就労、教育、税金など、あらゆる分野で手厚い保護を受けた。それだけ市民権が保障されていなかったとも言えるし、運動団体の力が強大だったとも言える。いずれにしても、それらを牽引した中核組織の一部は、ボス支配を許す前近代的な体質を内包していた。また、まともに働こうとせず、犯罪に手を染める堕落した部落民を生みだしていた。

一連の不祥事の摘発は、法の失効を機会に、前近代的な負の遺産を一掃しようとした権力の一大事業であった。

そのうねりの中で、七十二歳の小西は、二〇〇六年（平成一八）五月八日、三十代の愛人（高槻ともしび苑職員）のマンションで逮捕された。同じ日、飛鳥会事務所に常駐していた三菱東京ＵＦＪ銀行の行員も、横領を幇助したとして逮捕されている（後に不起訴となり復職）。

現役の部落解放同盟支部長の逮捕を、新聞各紙（大阪本社版）は、夕刊一面、社会面のいずれもトップで大々的に報じた。

「闇と接点　強面理事長」（読売、以下同）

「『名前だけで威圧感』」

「駐車場収益『ぬれ手であわ』」

「『事なかれ』歪む同和行政」
「暴かれるか、ヤミ利権」（毎日、以下同）
「同対事業、力の源泉」
「『人権』『暴力』で威圧」
などである。いずれも横見出しで、ニュースとしては最大級の扱いであった。以降、小西・飛鳥会関連報道は連日、紙面をにぎわす。そのごく一部を、見出しだけ見ていきたい。
「『山口組の周辺者』『福祉・人権の人』」「複数の『顔』存在感誇示」（朝日、五月九日）
「暴力まとい『福祉の顔』」（産経、五月一〇日）
「小西容疑者　地区内の公共工事　『天の声』で業者選定　見返りに上納金」（毎日、同）
「理事長親族の〝介護専従〟　上司黙認　大阪市職員が10年以上」（読売、五月一五日）
「小西容疑者　相談役務める飛鳥人権協会　職員給料ピンハネ　通帳管理、月40万円」（読売、以下同、五月一六日）

「飛鳥会事件小西容疑者　組長知人女性に『給与』　長男代表架空会社通じ月20万円」（五月一七日）
「飛鳥会　新地にスナック　5件目の無届事業　大阪府、改善命令へ」（五月二七日）
「小西容疑者　架空雇用　人件費詐取か　市立保育所で数百万円」（朝日、六月九日）
いずれも小西の悪人・独裁ぶりを報じている。
繰り返すが、これらは飛鳥会事件報道のごく一部である。見方を変えれば、小西を逮捕するには、罪状に困らなかったということである。逮捕しようと思えば、いつでもできた。満を持して、大阪府警は飛鳥会事件に取り掛かった。
「浅田と小西を、絶対ここにつれてこい」
かつて大阪府警幹部が、部下にそう厳命したと産経新聞が伝えている（二〇〇六年一〇月六日）。浅田とは、ＢＳＥ騒動に乗じて五十億円を詐取したとして逮捕された浅田満である。
府警幹部の発言が事実だとすれば、小西は浅田とセットで狙われていた。
小西の逮捕容疑は、前にも述べたように業務上横領罪と詐欺罪である。前者は二〇〇三年（平成一五）から二〇〇五年（平成一七）までの二年間に、駐車場の収益金を六十七回にわたって自分名義の口座に移し替え、計一億三千百二十万円を着服したという容疑である。後者は大阪市立飛鳥人権文化センター館長と共謀し、妻や元組長、右翼らが、同対事業を請け負う飛鳥人権協会に雇用されていると偽り、七人分の健康保険証を詐取したという容疑である。

横領容疑は時効が適用される二年間だけであるが、警察が把握しているだけで、小西は逮捕されるまでの十八年間にわたり、駐車場の収益から少なくとも六億円を着服している。

掠め取った金のほとんどは、小西本人とその家族が散財した。妻と二人の娘にカードで自由に買い物をさせ、一ヵ月の請求額は、三百万から五百万円にものぼった。主に妻の装飾品や服飾代で、九百八十万円もするカルティエの指輪も購入していた。

小西本人も蕩尽した。大学生だった二女には、六百三十万円のベンツをプレゼントしている。自分のために、取引先の阪急百貨店の外商の担当者を通して大阪市内の葬儀会社に特別発注し、四百七十万円をかけて総檜《ひのき》の豪華な棺桶をつくらせた。檜はわざわざ三重県から取り寄せた。

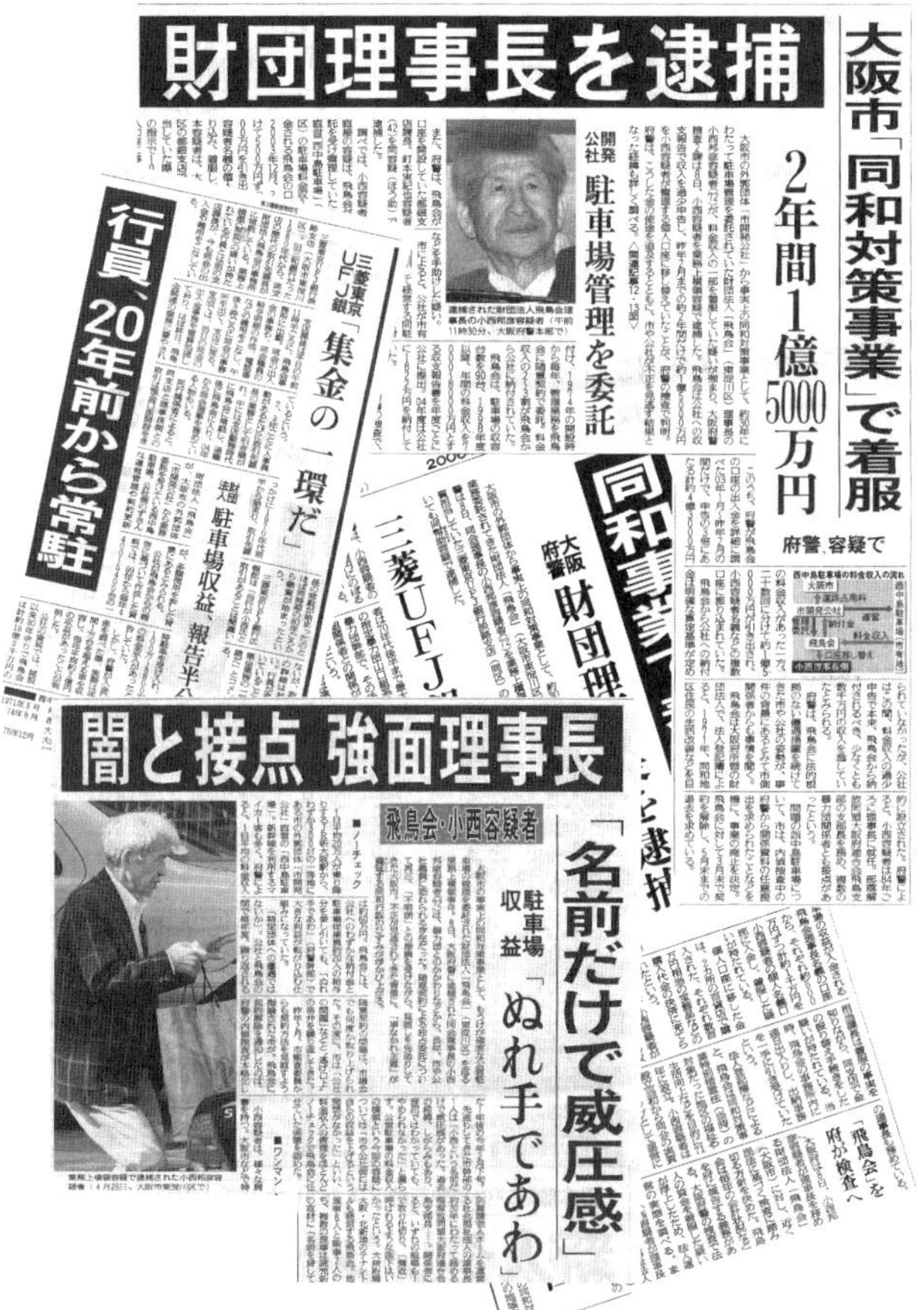

大阪市「同和対策事業」で着服

財団理事長を逮捕

2年間1億5000万円

府警、容疑で

開発公社　駐車場管理を委託

逮捕された財団法人飛鳥会理事長の小西邦彦容疑者（午前11時30分、大阪府警本部で）

三菱東京UFJ銀「集金の一環だ」

行員、20年前から常駐

財団法人　駐車場収益、報告半分

大阪府警　財団理

三菱UFJ

同和事業

闇と接点　強面理事長

飛鳥会・小西容疑者

「名前だけで威圧感」

駐車場収益「ぬれ手であわ」

「飛鳥会」を府が検査へ

業務上横領容疑で逮捕された小西邦彦容疑者（4月26日、大阪市東淀川区で）

棺桶は安いものは数万円、高くても数十万円である。五百万円弱のそれは、最高級品と言えよう。サイズも通常のものよりひとまわり大きく、長さは二メートル十センチもあった。

小西の身近にいた人物によると、小西は重要無形文化財保持者（人間国宝）に、棺の表面に木彫を施してもらうべく依頼したが「燃えるものにはしない」と断られたという。

完成後、小西は真新しい最高級品の中に体を横たえ、その居心地を体験している。本人は豪華な棺を「自分が住む最後の家」と考えていたようで、枕の高さにまで気を遣った。

趣味のコインや紙幣の収集、スポーツ・国技観戦（阪神甲子園球場のボックス席＝年間百十万円、大相撲大阪場所の升席＝九十万円）なども駐車場の売り上げから支払われた。

さらに妻に生活費として毎月百万円、長男に三十万円、関東に住む愛人にもやはり毎月三十万円を送金している。

飛鳥会は地域振興のために設立され、駐車場や共同浴場の運営・管理などをおこなったが、それらによって得られた収益金の大半は、小西やその家族の個人的な趣味や娯楽に使われた。

小西は飛鳥会事件の公判で、駐車場の収益は「(飛鳥の)年寄りのためにも使った」と語り、地元にも還元されていることを主張した。確かに逮捕された前年の二〇〇五年(平成一七)には、高齢者や取り巻きを引き連れて淡路島へ一泊旅行に出かけている。その代金四百六十万円は、小西名義の口座から支払われた。しかしこれも、元はといえば駐車場の収益金であった。

大阪府警で取り調べを受けている間、小西は約四十年にわたって在籍し、また幹部を務めた部落解放同盟大阪府連から除名処分を受けた。この処分に対し、小西は後に私に不満と悔悟の心境を述べた。

「うちの組織は、除名するときは除名者の言い分を聞くという規約があるんやで。わしは解放運動を二度としようとは思わんから、そんなことはもうどうでもいい。弁明しようとも思わんし。迷惑をかけたのは事実。わしのことで、あっちもこっちも火の手が上がってな。わしが火を点けたようなもんやから」

部落解放運動の活動家を自任していたからこそ「うちの組織」「運動を二度としよ

うとは思わん」という言葉が出たのだろう。上部組織に自分の言い分を聞いてほしいという思いもあったが、それよりも自分の犯した罪やその波紋について思いをめぐらしていた。

小西の逮捕から一ヵ月余り後の二〇〇六年（平成一八）六月十九日。小西の妻や元組長ら三人と、それぞれの被扶養者の健康保険証計七枚を違法に取得したとして、大阪市立飛鳥人権文化センターの館長が逮捕された。

健康保険証は、所属する企業か団体が社会保険事務所に申請し、個人に発行される。健康保険証があれば、医療機関で受診した場合、三割の負担で済むが、なければ十割を支払わなければならない。

小西の妻や元組長は、同対事業を請け負う飛鳥人権協会に勤務実態があるかのように偽装し、保険証を受け取っていた。当時、妻は専業主婦、元組長は引退して久しく、体を壊し、入退院を繰り返していた。彼らが健康保険証を取得するための書類を、小西の意を受けた飛鳥人権文化センターの館長が、部下に命じ、つくらせていた。

同センターは、一九七五年（昭和五〇）にオープンした飛鳥解放会館を二〇〇〇年

（平成一二）に改変・改称した飛鳥地区の中核施設である。

逮捕された館長は、高校を卒業後、一九六六年（昭和四一）に大阪市に採用され、建築局に配属された。飛鳥地区不良住宅の整備を進める住宅地区改良事業に携わり、このときに小西と知り合う。一九七六年（昭和五一）には開館して二年目の飛鳥解放会館に配属され、間を置いて副館長、そして館長を務めた。

解放会館や人権文化センターの市職員の人事権を小西が握っていたことは、すでに述べた。飛鳥解放会館の開館以降、小西の意に沿う者が館内の重要ポストを占める仕組みができあがっていた。

市幹部の課長級である館長には、高卒者はなかなかなれなかった。例えば飛鳥会事件が発生した二〇〇六年（平成一八）の時点では、大阪市の全職員四万五千人中、課長級は千二百人しかいない。三％前後の〝狭き門〟である。また課長級以上で退職した場合、当時は天下り先を紹介された。

「そやからみんな、必死のぱっちで課長級になろうとするわけや」

市職員のＯＢはそう語る。

ちなみに健康保険証の詐取は、逮捕された元館長だけではなく、それ以前からおこなわれていた。つまり、他にも小西の言いなりになっていた市職員が複数いたわけである。

館長は逮捕から五ヵ月後に、懲役一年六ヵ月、執行猶予三年の有罪判決を受けた。あと数ヵ月で定年退職する予定であったが、有罪判決を受けたために失職し、退職金は出なかった。

元館長に取材依頼の手紙を書き、電話をかけると「あんたはエセ同和か⁉」と開口一番、問い詰めてきた。エセ同和とは、部落問題関連図書などを高額で売りつける悪徳商法である。私は取材依頼の手紙とともに、部落問題をテーマにした拙著を郵送していた。無論、贈呈したままでである。

電話口からは、ハリネズミのように私を警戒していることだけは伝わってきた。「もう、マスコミの人には会いたくない」と固辞されたが、なんとか説得し、ようやく失職直後に会うことができた。

指定されておもむいたのは、古巣の飛鳥人権文化センターであった。元館長にとって逮捕の舞台となった飛鳥は、二度と訪れたくない場所ではなかった。スーツに身を包んだ元館長は館長室で、私の質問に淡々と答えた。ちなみにインタビュー時、小西はすでに保釈されていた。

――三十年も前から引き継がれてきた健康保険証の取得が問題になったわけですが……。

「もし仮に僕が小西さんに『もうやめまひょや』と提案すれば『お前だけの意見か？　大阪市はどない言うとんねん？　なんでお前の代でやめんねん？　いままでずっとやってきとるやないか』と言われると思うから、よう切り出せませんでしたんや。本庁が明確な方針を持ってたら、そら僕も言いますよ。なんぼ僕がぼろくそに言われようとね」

――いい悪いは別にして、行政は基本的に以前からやってきたことをやるわけですよね。僕自身も含めて、市職員として飛鳥に赴任したとして、小西さんに「これやってくれ」と言われて「嫌です」と言える人がどれぐらいいるか……。

「元同僚と退職後も呑みに行くことがあります。同和対策事業を担当してる人間は、みんな『もし飛鳥に館長でおったら、あんたと同じようなことをしとったやろな』と言うてます。今から振り返ったら、『こんなん、あきませんで』と言うべきやったかもわかりません。今から思いましたら……」

──最終的に責任を取らされましたね。

「トカゲのしっぽ切りみたいなもんですよね。まあそりゃ、仕方ないですよ」

──本庁は頼りにならなかったんですか？

「裁判で裁判長に『なんで上司に相談しなかったのか？』と聞かれました。どう答えたらええか、わかりませんでした。『最後は事業所の長として判断しました』と答えましたが、本音では、上に相談しても何の解決もしてくれへん、という思いがありました。例えば飛鳥でこんな問題が起こってるから、局長に『支部長のところへ行ってくれませんか』と言うても、来たら余計にゴタゴタしますやん」

──現場も知らないし、事情もよくわかってないと。

「そう、そういうこと。僕が勝手にそう思ってる部分があるかもしれませんけど」

上司に相談しても解決にならない、上司は現場を知らないという元館長の見方に対して、別の元大阪市幹部は異論を唱えた。

「館長は決裁権を持つ団体の理事者、会社で言うたら支店長や。市側からすれば『お前が責任持って現場を仕切れよ』ということ。仕切るとはどういうことか。おっさん（小西）の言うことを聞くことやんか。本庁が現場の問題を処理できないのではなくて、やらないだけ。実際のところ、一番地域を把握してるのは、現場やなくて中之島（本庁の所在地。転じて本庁のこと）やねんて。

それに本庁も現場も二、三年したら異動する。負の遺産なんて誰も処理したくない。それを逃れる一番ええ方法は何か？　黙ってることや。いつかバレるかもしれないけれども俺の代は大丈夫、とにかく無風状態で過ぎればええ、そう思うわけや。そういう体質が同和対策事業にかかわる不祥事に端的にあらわれてる。責任の概念がないねん」

大阪市の三役を務めたことがある元幹部も、数年の異動が不正を生む温床になっていることを認めた。「では、ずっと同じ職場にいたら、問題は起こらないんですか？」と尋ねると「やっぱり、起こるでしょうな」と答えた。数年で替わると、そのたびに心機一転して職務に励むことができる半面、責任の連続性という面ではマイナスになる。かといって長期勤務は、地元の住民・団体や出入りの業者とのなれあいを生む危険性があるという。どちらにしてもメリットとデメリットがあるわけだ。

元館長のインタビューに戻ろう。

――単刀直入に伺いますが、小西さんはどんな人でしたか？

「どない言うたらいいんですかね、独善的やったことは事実やと思いますわ。何でも自分一人で決めてね。飛鳥に勤務していた都合十一年の間に、ガミガミ言われたことはあります。けど、別段そのことで、どうのこうのということはなかったですね。ずっと同じ部屋におれば、また別の見方ができるかもわかりませんけど。それにずっと怒鳴り散らしておったら、誰もついてきませんでしょうし。

年寄りは大事にしはりました。『年寄りと子供で金儲けはできひん』と言うてはりました。人間的な人やと僕は思いますけど。

ただ、新聞にも出てましたけど、別の人（ヤクザ）との付き合いということがね、ひとつのアレになってる（像をつくっている）と思いますけどね」

――小西さんに逆らえなかったのは、小西さん個人が怖かったのか、それとも組関係の人と付き合ってたからですか？

「僕は別に、あの人が誰と付き合おうが関係なかったですけどね。小西さんと付き合ってる人が、私らに刃向かってきて、どうのこうの、というのはないわけですから。警察から『（小西は）怖かったやろ』となんべんも言われました。『ああ、そういう面もあったかもわかりませんが』と言いましたけど、本音は別にね」

――では、解放同盟の支部長が言うことに嫌とは言えないという心理はありましたか？

「深い部分ではあったでしょうね、それは……」

――部落や運動団体に対する恐れは？

「悲しいかな、そういう部分はないとは言えんでしょうね。確かに小西さんは悪いことをやったんですよ。あの人になんかあったら、私もただでは済まないとは思ってました。連携しながら、いろんなことをやってきたのは事実ですから。そりゃ客観的に見て、こんなことおかしいやないかと言われたら、どうにも説明できんこともたくさんありましたのでね。その典型が保険証ですけどね」

――しかし、まさか逮捕されるとは……。

「思ってませんでした」

――館長をされて、しんどかったですか？

「僕自身はしんどいとは思ってませんけどね。裁判でも言いましたけど、別にこうなったからといって、誰かれなしに恨んでるわけではない。小西さんも恨んでない。それこそまさに、運不運のことやったなと思ってるだけですよ。

そりゃ確かに僕の生活が狂ってしまったのは事実です。定年を間近に控えて、こないなるとは思ってませんでしたし。地元との連携の中でやってきた結果として、こういうことになっても仕方がないということです。保険証は部下に事務手続きをやらして、僕はハンコを押しただけですからね。ハンコを押したことが責任を取るということです。まあ、もう済んだことです」

逮捕されたのは、運不運のことだった――。換言すれば、運が悪かったということであろう。

元館長は、どんな角度で質問しても、風に吹かれる柳のごとく、飄々としていた。反省や後悔をするでもなく、事態を傍観者のごとく達観しているように私には見えた。そもそもそういう性格なのか、敢えて感情をおさえているのか、読みとることはできなかった。

取材を終え、帰途につく途中、たまたま元館長と同じ電車の車両に乗り合わせた。

再び、事件の話になった。

「言うたら、僕は前科者ですからね……」

元館長はさみしそうに、そうつぶやいた。これからどうするかは、まったく白紙だという。

数年後、元館長が福祉施設で働いているという噂を聞いた。管理職ではなく、現場の労働者だという。

地元の実力者の要望に応え続けた市の元幹部が、あの事件を今、どう振り返っているのかを聞くため、二〇一二年(平成二四)、五年ぶりに連絡を取った。

「あの事件は、もう何の関係もない!」

「あんたが勝手に取材しているだけでしょう!」

元館長は取り付く島もなく、電話口でがなりたてた。それでも数分間だけ話を聞くことはできた。現在は福祉施設をやめ、年金生活を送っているという。一刻も早く、話を終えたがっていた。

「今も小西さんを恨んでないんですか?」

考えていた質問を聞く間もなく、電話は切れた。

五月の大型連休明けに逮捕された小西は、大阪府警の調べに対し、最初は黙秘を通していたが、刑事の「息子も逮捕状を取るぞ」「子供にも来てもらわなしゃあないな」という脅しに屈する。

障害を持つ長男には、駐車場の収益の中から毎月三十万円が支払われていたからである。小西が警察・検察側とのやりとりを語る。

「うちの子供の逮捕状を取る言われたときに、親として堪らんちゅうの。息子が健常者なら、なんとも思わへん。『勉強や、行てこい』言うけどやな。そういう卑怯なことをする。俺は検事に言うた（勾留・起訴・取り調べをする権限がある検事は、容疑者と接触できる）。『息子を連れてくるのだけは堪忍して。他のことは認めるからと。俺のことはどうでもええ。罪は認める。子供だけは……』」

そう言うと小西は、あふれそうになった涙をこらえた。しばらく間を置き、言葉を継いだ。

「……脅しや。言うことを聞いてくれたのは、山川ちゅう検事や。『わかった。（息子は）呼ばない』と。五月八日に逮捕されて、もの言いだしたのは（五月）十八日や。人間、あの密室の中で、毎日毎日な、朝から晩まで（取り調べ）やられたら堪らんで」

前科を重ね、幾度も取り調べを経験してきたはずの小西も、障害を持つわが子のことになると滅法弱かった。しかもこのとき小西は七十二歳の高齢で、心臓病も抱えていた。

駐車場の収益の横領で逮捕された上、保険証の詐取でも再逮捕され、保釈金三億円を払い、ようやく釈放されたのは七月の末で、三ヵ月近くも勾留されていた。

小西の保釈から一ヵ月余り後の九月九日。部落解放同盟大阪府連合会（大阪府連）が、大阪市内で「『飛鳥会等事件』真相報告集会」を開いた。「等」が付いているのは、大阪府八尾市の部落解放同盟安中支部相談役が恐喝で逮捕された事件を含むからであった。

マスコミ関係者は、会場の受付で名刺の提出を求められ、写真やビデオの撮影を禁じられた。「集会終了後の記者会見は予定していません」と書かれたメモも手渡された。いずれもその理由は明らかにされなかった。

報告集会の冒頭で、松岡徹・大阪府連委員長（当時）は「事件は部落解放の美名のもとにおこなわれ、それを見抜けなかった私たちの弱さを心から謝罪する」と述べた。

大阪府連は機関紙『解放新聞』で同様の見解を示してはいたものの、記者会見を一度も開かず、事件発生から四ヵ月後になってようやく幹部が〝公の場〟で謝罪した。会場の同盟員の意見や質問は、その場では受け付けず、それらをまとめたものが後日、配られただけだった。

集会の資料には、「総括と府連見解」が掲載されていた。以下はその冒頭の文章である。

事件の真相が明らかになるにつれ、長年にわたって部落差別の撤廃をめざす運動とは一切無縁で反社会的な利権行為が行われ、しかもそれが同盟支部長という肩書きを悪用した「エセ同和行為」であることが明らかになりつつある。

この見解は、それ以前も以後も、大阪府連幹部や関係者によって繰り返し強調された。

「エセ同和行為」に関する定義はないが、「エセ同和団体」は、部落解放同盟系の出版社から刊行されている事典では「部落解放団体を装いながら、社会の差別意識を利用して利権をあさり、部落問題を食い物にし、私腹を肥やす反社会的団体」（『新修部落問題事典』解放出版社、一九九九年）と説明されている。

小西は、全国水平社の流れをくむ部落解放同盟の飛鳥支部長を四十年近く務めてきた。断じて「部落解放団体を装」っていたわけではない。正真正銘の同盟幹部である。その彼が逮捕、起訴されたからといって、あれは部落解放運動ではない、エセ同和行為だと主張するのは言い逃れであろう。この論法だと、同対事業がらみで同盟員が起こした犯罪は、すべてエセ同和行為になってしまう。飛鳥会事件は、まぎれもなく部落解放運動の中から生起したものである。

小西のおこないを「エセ同和行為」と断じた大阪府連の松岡徹委員長は、小西とは昵懇の仲であった。松岡は二〇〇五年（平成一七）にオープンした特別養護老人ホーム・飛鳥ともしび苑のグループホームのオープン記念式典に、大阪市の幹部らとともに出席している。

「小西さんは昔から松岡さんを可愛がっていた」と複数の同盟員は言う。小西に生前、そのことについて尋ねると、「松岡は俺、ずっと（呑みに）連れて歩いとったんや」と話していた。

松岡は二〇〇四年（平成一六）から六年間、参議院議員を務めている。大阪府連の元幹部が証言する。

「去年（二〇〇五年）の正月、ホテルニューオータニ（大阪）で松岡主催の新年パーティーがあった。一人会費二万円で、飛鳥からはバス二台で行ってる。他の支部も行ってるけど、飛鳥は特に大勢で行った。（松岡は）多少は小西に義理嚙んでると思うわ」

小西によると、松岡本人から大阪府連内の人事や選挙に関する相談がよくあったという。ときには現ナマで支援することもあった。「うちの連中は、それ（金）でしか動くかいな」と小西は私に語った。

松岡には、二〇一二年（平成二四）六月、質問内容を書いた取材依頼の手紙を送った。間もなく、本人から電話があり、「取材に応じるかどうか迷っている」と述べた上で「確かに邦さんはよく知ってます。邦さんが府連の執行委員のときは、私は市内ブロックのオルグ担当で、飛鳥支部にもよく行きました。しかし、人事の相談、資金援助を受けたことは、一切ない」と語った。二、三日中に取材を受けるかどうか返事すると言ったきり、その後、連絡はなかった。

現役・OBを含め一部の大阪府連幹部にとって、小西はいわばスポンサーではなかったか。であるからこそ、支部大会が十年以上開かれていなくても、支部長として出席しなければならない府連の会議に長期間にわたって顔を見せなくても、何のおとがめもなかった。「エセ同和行為」を黙認し続けたのは、大阪府連の幹部に他ならない。

大阪府連が開いた集会は、「真相報告」と銘打ってはいたものの、事件の分析と総括はマスコミ報道を切り張りしただけで、何ら新しいものはなかった。

真相報告集会から三ヵ月後。大阪府連は新聞各社の大阪本社に公開質問状を出した。質問状の冒頭には「この間の報道のあり方は、差別を撤廃する側ではなく、間違いなく差別を助長、再生産する側にあったと私たちとしては理解しています」と弾劾している。

新聞各社への質問は、おおむね同じ内容である。回答は社によって微妙に違ったが、中でも産経新聞のそれは、飛鳥会事件と事件報道を総括する上で、興味深い内容だった。以下、両者のやりとりの一部を引用する。

大阪府連　「飛鳥会事件以降、大阪市人権協会（同対事業などを請け負う組織＝引用者註）へ、悪質な部落差別電話・部落差別メール事件が発生しています。飛鳥会事件の報道が、上記の差別事件や市民の部落問題に対する認識に、どのような影響を与えたと思われるのか、貴社の認識を明らかにしていただきたい」

産経新聞　「飛鳥会事件についての報道で、影響が出ているとするならば、根本的には、差別解消に取り組む団体の支部長がその肩書を悪用して犯罪行為を行い、組織もその支部長の不正を、結果的に長年にわたって放置していたことが、差別解消に向けた取り組みに大きな影響を与えているということではないでしょうか」

大阪府連　「貴社は、飛鳥会事件について、かなりの紙面を割いて報道を積極的にされました。なぜ、これほどまでに紙面を割く必要があるとされたのか、その理由を明らかにしていただきたい」

産経新聞　「支部長という立場の人間が、反社会的な私利私欲による犯罪行為や組織の肩書を悪用して巨額の利権を得る行為を行ったことは、市民や、部落差別解消に向けて真摯に取り組んでいる人々をも裏切る行為であり、十分なニュース価値があると判断しました。組織内部の要職にあった彼が行った行為こそ、差別を撤廃する側ではなく、間違いなく差別を助長、再生産する側にあったと考えます。厳しく社会的に指弾する報道をすることは当然のことであると考えます」

大阪府連は飛鳥会事件報道が、市民の部落問題認識に悪影響を及ぼしたと考えているのに対し、産経新聞は、悪影響があるとするなら、第一義的に事件を起こした側に問題があるのではないか、と指摘している。まっとうな意見であろう。

大阪府連の公開質問状から垣間見えるのは、肥大化した被害者意識である。朝日新聞には「事実上の同和対策事業」という表現に対し「同和対策事業そのものが不正であり、悪いものとの印象を与えることになってしまい、その延長線上にある同和行政そのもののマイナスイメージにつながっています」と指摘している。

毎日新聞には「解放同盟支部長を逮捕」という見出しについて「駐車場の委託管理を受けている『㈶飛鳥会理事長を逮捕』であるべき」と抗議し、「事件に関係のない部落解放同盟員や被差別部落住民に対する差別意識が拡大され、部落出身者の心理面においてどれだけマイナス思考になるのかなど検討されなかったのでしょうか」と問い詰めている。

どのマイノリティに対しても「それは被害妄想ではないか」と言及するのは、厳に慎まなければならない。しかし、大阪府連の抗議・質問は、その領域に達していると言わざるを得ない。

そもそもマイナスイメージや差別の助長・再生産を言い出したら、実名による犯罪報道は成り立たない。被害者、被差別者を前面に押し立てた報道批判は、真面目な同盟員や差別の助長・再生産にしか依拠できない部落解放運動の空洞化を如実に示していた。

小西が保釈されてから二ヵ月余り後の十月六日。大阪地裁で飛鳥会事件の初公判が開かれた。

午前九時半過ぎ。濃紺のスーツを着た小西が、大阪地裁で一番広い201号法廷に入廷した。やや猫背でスポーツ刈りが伸びた髪は白く、頭頂部がやや薄くなっている。事件はすでにマスコミで大々的に報じられていたため、私は小西の顔は知っていたが、実物を見たのはこのときが初めてだった。傍聴席は満席で、マスコミを合わせると百人を超えるだろうか。

記者席から間近で見る小西の眼は鋭く、現役のヤクザに見えた。このとき、小西は七十三歳。形だけではあれ、金田組から離れて約四十年、組長の死去による組の解散から二十年近くが経っている。これだけ時間が過ぎれば、普通の老人になっているだろうと予測し、私は読売新聞夕刊の初公判傍聴記の予定稿に「今では好々爺になった小西被告は……」と書いていた。だが、数メートル先の男は、どう見ても好々爺には見えない。結局、この部分は削除した。

三ヵ月余りの公判期間中、法廷外で小西を見かけることがあった。愛煙家の小西は、開廷前などに裁判所の喫煙室で紫煙をくゆらせていた。人目につきやすい場所であるにもかかわらず、被告＝裁きを受ける者、という印象はまるで感じられず、むしろ悠然としていた。

初公判で検察側は、小西が部落解放運動に参加した理由を冒頭陳述で次のように説明した。

被告人は（中略）暴力団三代目山口組金田組構成員として活動していたものであるところ、昭和42年ころ、同和問題が大きな社会問題となっていたことから、暴力団構成員よりも金もうけがしやすく、絶大な権力が手に入るなどと考え、飛鳥支部支部長に就任した。

この冒頭陳述には、明らかな誤記と牽強付会がある。まず、小西が飛鳥支部長に就任したのは昭和四十二年（一九六七）ではなく、昭和四十四年（一九六九）である。事件発生時、飛鳥支部のホームページには、正史が記載されていた。また、それまで刊行されていた支部の資料にも明記されている。検察側はそれらを見ていなかった。二年の誤差は大きい。

誤記の原因は、小西が裁判所に提出した陳述書にあった。小西の単純な記憶違いであろう。検察はそれに何の疑問を持つこともなく採用していた。

記憶違いによって、小西は自分で自分の首を絞めることになる。検察は一九六九年（昭和四四）の同対法施行を見越して、その二年前に支部長に就任した、とストーリーを描いた。しかし第一章で詳述したように、小西が支部長に就任したのは、金田組組長の推挙や地元住民の要望、小西の生い立ちなど、いくつもの要因が絡み合っている。金と権力が欲しかった、という単純な話ではない。

検察が作成したストーリーは、マスコミでも取り上げられた。例えば初公判があった日の夕方、NHK大阪放送局は、飛鳥会事件に関するニュース特番『関西クローズアップ 揺れる同和行政』で、さっそくこの検察の冒頭陳述を引用した。

活字メディアも同様である。部落解放同盟の不祥事を追及した『大阪同和帝国の正体』（一ノ宮美成＋グループ・K21、宝島社、二〇〇七年）では、小西の言葉が次のように紹介されている。

小西被告は、検察官の取調べにこう答えたという。

『ヤクザより、同和の方が儲《もう》かる』

大阪市民はもちろんのこと、国民から注視と批判を浴びた大阪市の乱脈同和行政の象徴、いわゆる『飛鳥会事件』の真相は、当事者らが口にしたように、まさに『同和は儲かる』であった。

権力に批判的であるライターでさえ、部落解放運動に参加した動機を検察の冒頭陳述だけに依拠している（しかも引用が不正確である）。

そもそも逮捕、取り調べ経験が豊富な小西が、「暴力団構成員よりも金もうけがしやすく、絶大な権力が手に入るなどと考え」などと、自分に不利になるような供述をするだろうか。それは彼をよく知る誰もが思う疑問であった。二〇一〇年（平成二二）に無罪が確定した元厚労省幹部の冤罪事件に見られるように、検察が都合のいいようにストーリーを作成するのは珍しいことではない。

検察の冒頭陳述は、警察の取り調べを参考に作成されている。小西はなぜ「暴力団構成員よりも……」という文章が入った供述調書にサインしたのか？　前にも述べたように、息子を逮捕するという脅しに乗ってしまったからであった。

それに加え、取り調べを担当した刑事の策略に引っ掛かってしまったことも大きい。

小西が裁判所に提出した陳述書によれば、業務上横領で逮捕した警察が、調書であたかも自分をカネの亡者であるかのように仕立て上げるので、「カネなら飛鳥会のものを使わなくても、贅沢するくらいの金は持っていた」と抗弁したが聞いてもらえなかった。腹が立つあまり「そんなにわしのことをカネの亡者にしたいんなら、好きに書かんかい」と言ってしまった。その結果が、「暴力団構成員よりも……」という検察の冒頭陳述だったという。

好きに書かんかい、と言えば、その通りにされても文句は言えまい。小西は見事に警察の術中にはまってしまった。何が見出し《ヘッドライン》になるかを知り尽くしている検察は、初公判で〝小西の言葉〟としてそれを読み上げた。一部マスコミはそれに飛びついた。

警察の取り調べ内容は、これ以外にも報道された。その内容には被疑者や関係者が本当にそんな供述をしたのか、と疑問に思うものもあった。

小西の裁判より一ヵ月前に、同じく大阪地裁で始まった飛鳥人権文化センター元館長の初公判において、検察側は冒頭陳述で、元館長が在職中、部下に対して言ったとされる言葉を紹介した。

元館長は「小西被告の子飼いとして働けば、退職後のことは心配しなくていい。安月給の公務員では絶対に送れない華やかな生活が待っているんや」と述べたことになっていた（『産経新聞』九月二日）。

元館長に確かめると、頑強に否定した上で、私にこう語った（以下、元館長への取材は二〇〇六年におこなったものである）。

「僕はそんなに強う言うたわけではない。責任とるからやってくれへんかと。これまでずっとやってきて今やめられへんので、すまんけど頼むわなと。それは言いました」

ニュアンスがまるで違うのである。そもそも失職前の元館長の年収は、約一千万円で、当時の市職員の給与はけっして「安月給」ではない。「華やかな生活が待っているんや」というセリフも、いかにも作りものっぽい。

また、元館長は、小西の断指についても語っている。

「(解放会館の)事務室で、暴力団がらみのトラブルで、大型裁断機で小指を詰めて血まみれになっているのを目撃し、『身の毛もよだつ思いだった。この人には絶対に逆らえないと思った。気に入られれば見返りはあると思った』」

と供述したことになっていた(『毎日新聞』九月二日)。

小西が断指したのは、事務室ではなく印刷室である。また、元館長は「大型裁断機で小指を詰めて血まみれになっているのを目撃」したわけではない。

元館長によると、「そういえば、こんなことがありました……」と取り調べの刑事に話題提供したのが、「絶対逆らえないと思った」という文章になっていたという。

指を落とす行為は、組から脱退する意思をあらわしているのだから、「絶対に逆らえない」と思うのは不自然である。マスコミ受けする話題と強面支部長を無理やり結びつけた作文であろう。

小西の初公判では、検察側が元館長の供述調書の一部を読み上げた。元館長が前任者から保険証取得の引き継ぎを受けた際、「いくら同和でも無茶苦茶や。同和ならなんでもありかいなと思った」という。

元館長に確かめると「僕、そんなことしゃべってません。警察に言うたんは、ずっと歴代からなされてきたのでやったと。そんな言い方してません」と断言した。

善行も悪事も小西の行動を数多く見てきた元館長が、保険証の取得に限って「いくら同和でも……」と思うだろうか。しかも、部落や部落民を意味する「同和」という言葉は、単独で使われる場合、蔑みや揶揄の意味を含むことがあり、少なくとも当事者や関係者が使うことはあまりない。部落問題をよく知らない者が使いたがる言葉で、本当に元館長が言ったのか、という疑問はぬぐえない。

小西や元館長の行為は、法廷の場で裁かれるべきである。しかし、そのためには正確な情報や偽りのない供述が必要であることは言うまでもない。検察や警察の情報は、何の点検もされることなく、そのまま垂れ流された。

飛鳥会事件の公判の中身については、これまで断片的に紹介してきた。弁護団の三人は、いずれも大阪地検の元検事、いわゆるヤメ検で、ヤクザや部落問題に縁があった。

主任弁護人の渡邊淑治は〝最後の博徒〟と言われた波谷《はだに》組組長の波谷守之の弁護を務めたこともあるベテランで、小西との付き合いは三十年に及んでいた。長身痩軀に白髪のオールバックで、クライアントの組長も呼び捨てにするなど、小西に負けず劣らず迫力があった。もう一人は、BSE騒動で五十億円を詐取したとして逮捕された浅田満の裁判で主任弁護人を務めた黒田修一、あと一人は、検事時代は暴力団担当だった桃井弘視《もものいひろみ》である。小西にとって、万全の態勢で臨んだ裁判であった。

公判では小西は、話が部落問題に及ぶと「若い検事さんは知らないでしょうが……」と挑発的な発言を繰り返した。また、「飛鳥会の金はそもそも……」と公私混同の持論をたびたび展開したが、問われた罪は素直に認め、基本的には検察側とは争わなかった。それほど重い刑は科さないだろうというのが、本人および弁護団の予想だった。

ところが逮捕された翌年の二〇〇七年（平成一九）一月二十四日、小西に懲役六年の実刑判決が言い渡された（求刑懲役八年）。法廷を出たばかりの小西は、「どないなっとんじゃい！」と怒りをぶちまけた。本人と弁護団の予想を超える、重い判決だった。弁護士歴四十年の主任弁護人の渡邊も、量刑の重さに驚いた。

「私もね、求刑が五年くらいで、うまくいけば懲役三年、執行猶予の可能性もなくはないと思ってた。ただ、被害弁償そのものができひんというのがあるから（小西の預金残額は一億円しかなかった）、実刑にしても三年ぐらいやろうと思うとった。だから大幅にはずれた。一般の横領事件だと、三年ないし四年でおかしくない。やっぱり同和や、同和憎しや。それしかない。同和は無茶言いよる、無茶しよるという風潮がね、判決に影響したように思う」

　裁判が世論の影響を抜きにして語れないのは、あらためて指摘するまでもないだろう。

　主任弁護人である渡邊は、裁判の途中で弁護団からはずされた。小西の保釈条件には、公判に差し支えるので、関係者には会ってはならないという取り決めがあった。しかし小西は自らが理事長を務めていた、ともしび福祉会の臨時理事会に出席し、事件で迷惑をかけたことを詫びた。検察側は、そこを衝《つ》いた。渡邊が憤る。

「保釈取り消しをしないのは、わしが弁護団を辞めることが条件や。こんなふざけたことはない。小西は『迷惑かけてごめん』と言いにきた。それが接見交通権の濫用だちゅうて保釈を取り消せ言うんやろ。何をわけのわからんことを言いやがる、やっぱり権力を持っとる人間には勝てん、と思ったな」

そう言って、古巣である検察を批判するのだった。

被告が保釈中に関係者に会うことは禁じられていても、通常はそのような〝微罪〟では保釈を取り消すという話にまではならないという。検察側は主任弁護人を弁護団から引きずり下ろし、力を削ぎたかった。「俺も討ち取られたわ」と老練の弁護士は苦笑するのだった。

渡邊がはずれると、弁護団の力量は目に見えて落ちた。その意味では、検察の戦術は成功したと言える。

渡邊は還暦を迎えた一九九〇年代半ば、仲間にカンパを募り、歌手や芸人を呼んで、大阪府内の老人ホームの慰問活動を十年間続けた。小西に声をかけると「先生、それはええ話やないか。できることは全部する」と快諾した。年間十万円の会費以外に、タレントとマネージャーの移動費や宿泊費を小西が負担した。このような支援は、子供と高齢者を大事に思う小西の信念に基づいたものである。

この活動について渡邊は、自身が証人となった書状を裁判所に提出したが、検察側が異議を申し立てたために、採用されなかった。

「老人福祉に彼が尽力したということを法廷でやられたら、多少は情状にひびくわな」と渡邊は言う。検察側は、どんな手を使ってでも、小西を重い刑に処したかった。全公判を傍聴し、なりふりかまわぬ検察側のふるまいを目のあたりにしてきた私は、それが権力の強い意志であるように思えた。

懲役六年の実刑判決を受け、小西は量刑不当として控訴した。

判決から二ヵ月余り後、私は小西に二度目のインタビューをしたのだが、「今度は裁判では、言いたいことを言わせてもらう」と二審に向けて息巻いていた。二審の法廷では「わしが大阪市や三和銀行の面倒をどれだけ見たと思てんねん、そのわしが、なんで罪を背負わなあかんねん」と言いたかったに違いない。

このとき小西から手渡された銀行側のマル秘資料には、彼が銀行に尽力した項目に赤鉛筆で下線が引いてあった。第三章で触れた、柴島高校新規取引の支援協力や三和銀行淡路支店の用地買収などである。

しかし、裁判を引き受けてくれる弁護士がなかなか見つからず、焦っていた。小西によると、一審を担当した弁護士から、「世間を騒がせ過ぎた。二審も弁護すると他の仕事に差し支える」などと言われたという。

「テレビや映画で見る、あんな（正義感あふれる）弁護士は一人もおらへんちゅうねん」

控訴はしたものの、担当弁護士が見つからず焦っていた被告は、そういって苦笑するのだった。

このころ、小西から私の自宅に、「あー、小西ですが……」と電話があった。小西が私に電話してきたのは、初めてだった。その少し前、私は『週刊現代』で四回にわたって飛鳥会事件について書いていた。基本的には小西を批判していたため、何か文句でも言われるのかと思いきや「よう書いてくれた」と礼を述べられた。彼の言い分も入れていたためだった。律義な男であった。

二審に向けての意気込みを聞くと「三和（銀行）と大阪市を（法廷に）引っ張り出

したるねん」といきりたっていた。

「わし、飛鳥に行ったらあかんねん。あそこはわしの住所があんねん」と嘆いてもいた。飛鳥会ビルの建物は、小西の名義になっているので、ビルの所在地が自分の住所だと考えていた。しかし、裁判所から、関係者に会ってはならない、飛鳥には行ってはならないと厳命されているらしかった。小西はその取り決めを完全に無視し、飛鳥に通い続け、関係者にも会っていた。

小西の生活は、二審に向けた準備が中心になっていた。

「また、連絡するわ」

そう言って元支部長は電話を切った。私が聞いた、小西の最後の肉声だった。

二審で何もかもぶちまけるつもりで準備していた小西だったが、結果的に頓挫する。ガンで入院せざるを得なくなったのだ。

逮捕の数年前、小西はやはりガンで胃のすべてを摘出していた。ガンはほぼ全身に転移し、予断を許さなくなっていた。

逮捕から一年余り、一審判決から半年余りが経った二〇〇七年（平成一九）の初夏から、病院での闘病生活を始めた。飛鳥から十数キロ離れた豊中《とよなか》市内の病院に入院しながら、兵庫県内の医療施設で、一回数百万円もする最先端の重粒子線治療も受けている。

このころ、小西は入院していた病院の主治医に、余命がいくばくもないことを告げられている。おそらく小西の問いに主治医が答えたのだろう。病室にほぼ毎日通っていた姪が語る。

「重粒子線治療をしてたときは、まだ強気でした。でもある日、医者に『もうあかん』と言われたらしい。『まだ自分はしたいことがあるから、あと二年は生かしてくれ』と言うたら『無理です』と言い返された、そう言ってました。その日の夜、うちに電話がかかってきた。うわーって泣きながら『おっさん（小西自身のこと）、もうあかんらしい。先生がもうあかんて言うてん』て。次の日、あわてて病室に行ったら、あっけらかんとしてた。『もう、ええねん。しゃあないねん。おっさん、いつまでも考えてもしゃあないから、あきらめたわ』と言ってました」

人に弱いところを見せなかった小西も、姪だけは別だったようである。「あと二年」で何をしたかったのか、本人がいないので確かめようがない。

号泣したあとは心の整理がついたのか、後日、意外な行動に出ている。再び姪の話。

「葬式を予約したいから、病室に葬儀会社を呼んで来いと言うんです。で、呼んだら『受け付けてません』て言われた（笑）。『ええから、ええから。預かり金を渡しとくから取っといてくれ』。そう言いながら、お金を渡してました。葬儀会社は困ってた。『いやー、こんなん、初めてです』言うて」

小西は、以前から自分の死後について、真剣に考えていた。胃ガンを患う前の二〇〇一年（平成一三）とその翌年に、心臓病で入院している。側近の話によると、血液の循環をよくするため、心臓に電気ショックを与える治療を受けたが、文字通りベッドから体が浮いたという。小西はこのとき、死を強く意識したらしい。

小西が七十歳になった二〇〇三年（平成一五）には、側近を集めて重要会議を開いている。信頼していた元市職員、部落解放同盟飛鳥支部の同志、葬儀会社、出入りの業者が、小西に招集された。全員が「何事や!?」「ひょっとして支部長をやめるんか？」といぶかった。小西は全員を見渡して言った。

「わしももうすぐ七十になる。あっちのことを考えなあかん。今日はその相談や」

何のことはない、自分の葬儀の相談だった。小西は自分の死後のスケジュールを次のように考えていた――。

遺体から血液を抜き、体内に薬品を注入して腐敗しにくくするとともに、見栄えをよくするエンバーミング処置を施す。一晩は家に遺体を安置する（「とにかく、一晩は家でゆっくりさせてくれ」と語っていたという。死後に自宅で一晩だけ、ゆっくりしたいと語る感覚が可笑しい）。自宅に一泊し、ようやく死亡を告知する。自宅がある奈良と飛鳥人権文化センターの二ヵ所で葬儀をおこなう。葬儀委員長は、一九九〇年代末に飛鳥解放会館の館長を務めた元大阪市職員、司会は部落解放同盟飛鳥支部の書記長に任せる。会場に飾る花は胡蝶蘭にする。参列者にはその蘭を持って帰ってもらう……。

事細かなスケジュール作成は、仕切り屋・小西邦彦の面目躍如たるものがある。このころ、前に述べた四百七十万円の特注の棺桶をつくらせている。

小西の口から、飛鳥人権文化センターホールでも葬儀をおこないたいと聞いた部落解放同盟飛鳥支部の支部員は、「ああ、やっぱり支部長という役職で自分の人生を終えたいんやなあ」と思った。自分の原点は、飛鳥の部落解放運動にある、と小西は考えていた。

段取りのよさは、葬儀だけではなかった。姪には四十九日の場所、食事メニューまで指定していた。墓も畏友であった生島組初代組長の生島久次と同じ霊園に決めていた。小西の墓は、立派な棺桶とは違い、標準サイズだった。燃えて失くなる棺には執着しても、半永久的に残る墓はさほど気に留めなかった。

最後の最後まで、仕切らずにはいられなかった。何もかも手に入れたかに見えた男は、自分の死後にも細心の注意をはらっていた。

ガンで入院中も小西は自分の生活スタイルを変えなかった。ベッドに仰向けになり、毎日、付き人に持たせた新聞を熟読した。病室で紫煙をくゆらせてもいた。煙草の匂いは、付き人がその都度、トイレの消臭剤で消した。ところがある日、それが露見してしまう。以後は喫煙室に通うことになる。しかしいよいよ病状が悪化すると、煙草一本も持てなくなった。

奈良市内の霊園内にある小西の墓

屈強な体格の持ち主で、毎晩のように酒を

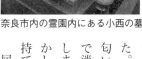

あおっていた男は、寝たきりとなり、オムツをはめていた。付き人に頼み、好物のネギトロ巻きを買ってきてもらったはいいが、一口二口食べただけで、あとは入らなかった。うどんやラーメンが食べたいと言う小西の望みをかなえるため、側近たちは車イスで入ることができる店舗をさがし、連れだした。

身内や知人とは、少しでも長く一緒にいる時間を持ちたがった。子供ができなかった時期には養子にと考えていた姪が、特にお気に入りだった。

「なかなか家に帰してくれへんかった。さみしいからやろね。『帰るわ』言うて病室を出ようとしたら、『あ、そやそや……』『何？』『これでな、あれでな……』『わかった、わかった。それだけ？ ほな、帰るで』『あ、そやそや……』。その繰り返し。帰る用意をしだしたら『煙草吸いに連れて行ってくれ』言うて、喫煙室で一時間くらい過ごすこともあった。見舞客が帰ろうとしたら『煙草吸いに行こう』って誘って、帰さへんようにしてた。喫煙室には長いことおったなあ。二時間、三時間はおったんちゃう」

いかにも、さみしがり屋の小西らしい引きとめ工作だった。

日を追って体力、気力が衰える中、金策にも頭を悩ませている。周囲が思うほど金は残らなかったようで、三億円の保釈金も妻に借りている（もっとも、その金は、もとはといえば小西のものではあったが）。病室に旧知の不動産業者を何度も呼び、小西が所有していた物件を売却する相談を持ちかけている。小西の算段では、取引が成立すれば七億円が手に入るはずだった。ところが物件の権利書を紛失していたため、商談は成立しなかった。それでも小西は、権利書を偽造してまで話を進めようとした。

飛鳥会事件の発生後、定期収入があった西中島駐車場が閉鎖されたことや、事件後に商売がままならなくなったからであろう、小西は人が変わったように出費を抑えるようになった。

小西の入院中、側近の一人で元組員の山本隆が、ガンで亡くなった。ボディーガードや運転手はもとより、ビジネス面でも秘書役を務めた側近中の側近である。

二人は別々の組を離れたとはいえ、小西は山本を「自分の子」と言ってかわいがり、山本は小西を「オヤジ」と言って慕った。極道における親分子分の関係である。〝子〟が先に亡くなった場合、〝親〟が葬儀の費用を出すのが、その世界の常識である。周囲の誰もがそのことを疑わなかった。

別の側近が、山本の葬儀にかかる費用をそれとなく求めると、小西はその場にしゃ

た」

がみこみ、「うーん、半分だけ払《はろ》たる。あとの半分はお前がなんとかせえ」と言った。

「あのときは、ほんまに失望しましたわ。こんな冷酷非情な人やったんかと思いまし

た」

小西に支払いを要請した側近が語る。結局、あとの半分（二百万円）は、集まった香典から支払われた。

かつての小西であれば、間違いなく全額を負担したはずである。「事件があってから、お金は持っていたはずや」と推測する小西の知人もいる。だとすれば、元来が冷酷な男だったということになる。飛鳥会事件が小西を変えたのか、はたまた、もともと冷血だったのか――。

どちらにしても一部の側近に、最晩年の小西は、あまりいい印象を残さなかった。

夏が過ぎ、秋風が吹くころ、小西は自分の死期を悟ったのか、一度自宅に帰りたいと言い出した。週末を長男と過ごした奈良の家に車イスで帰還した小西は、形見分けとして時計やネックレスなどを親しい者に手渡した。その日はそのまま泊まるつもりだったが、病状が思わしくなく、病院へ帰った。心残りだった案件を解決したから

か、その日を境に衰弱は激しくなった。

最期は家で迎えたいという本人の希望で、二〇〇七年（平成一九）十一月上旬、再び長男と週末を過ごした家に帰った。家族をはじめ姪夫婦、小西と親しかった者たちが、交替で看病した。近くのホスピスから、巡回ヘルパーが毎日訪れていた。

家に帰って数日後、「おそらく、今晩ですよ」というヘルパーの言葉通り、小西はこの世の名残を惜しむかのように深呼吸をしたあと、息を引き取った。

飛鳥会事件で逮捕されてから、わずか一年半しか経っていなかった。アップダウンの激しい、七十四年の生涯だった。

本人の希望通り、遺体には防腐処置がほどこされた。死後硬直で入らなかった大きめの入れ歯も、業者の手によってすっぽりとおさまった。

葬儀は飛鳥会事件が発生したため、本人が計画していた飛鳥人権文化センターホールでは催されず、奈良の自宅近くにある公共施設だけでひっそりとおこなわれた。事件後も小西と付き合いがあった数十人だけが参列し、生前の本人の希望で、生き残ったきょうだいや親戚も呼ばれなかった。

故人がヤクザと親しかったこともあって、会場周辺には大阪府警捜査四課（暴力団対策）の刑事の姿もあった。実際、最後まで付き合いをしていた複数の組関係者が姿を見せた。

飛鳥会事件がなければ、少なく見積もっても数百人は参列したであろう葬儀には、亡くなるまで「支部長」と言われ続け、かつて小西が情熱をささげた部落解放運動の同志の姿はなかった。

特注の総檜の棺は大き過ぎ、近くの斎場の火葬炉には入らないことが葬儀会社の指摘でわかっていたため、別の斎場に運ばれた。

四百七十万円の超豪華な棺にしては、蓋が反りかえり、本体との間に隙間があることに、参列者の何人かが気付いた。保管に不備があったらしく、ゆがみが生じていたのだった。最後の予想外の事態は、各業界に権勢をふるいはしたものの晩年に逮捕され、失意のうちに旅立った棺の主の人生と似ていた。

贅沢ではあるがゆがんだ棺とともに、小西は被告のまま灰となった。

エピローグ

小西が死去する八年前の一九九九年（平成一一）。自分の葬儀の会葬者に見てもらうため、小西は知り合いの映像業者に〝遺言ビデオ〟の制作を依頼していた。希代の仕切り屋は、最後の最後まで手が込んでいた。

ところが飛鳥会事件が発生し、葬儀計画そのものがうやむやになり、映像は人の目に触れることはなかった。

制作から十二年後、そして小西の死から四年後の二〇一一年（平成二三）、私は映像業者から譲り受け、八分余りにまとめられたビデオ映像を見ることができた。

六十六歳の小西は、事件当時よりふっくらとしていたが、鋭い目つきは変わらなかった。小西のアップ、飛鳥地区の子供や老人と談笑するシーンに合わせ、全編にわたって本人の声で次のような語りが入っていた。

何か後ろめたい問題の一つや二つをかかえたとしても
許されぬことでしょうか？
後ろ指をさされながら、重い十字架を背負って
長い道のりを歩んでまいりました
もう、疲れました
母親がよく言いました
「いつまで世間に顔向けできない人間でいるのか
今からでも遅くない
世のため、人のために少しでも役に立つ人間になれよ」と
それからは、少しは人間らしく生きてきたつもりです

「後ろ指」はヤクザ、「重い十字架」は被差別部落出身を意味するのであろう。

母親の教えを、自分の遺言ビデオにまで入れていた。それほど母親を慕うとともに、その教えを忠実に守ってきたことを強調したかったのであろう。

画面は小西の顔のアップに代わって、かつての飛鳥地区の風景が映し出された。老朽家屋、路地、そして部落解放運動の闘士・小西邦彦が壇上で演説するシーンが続く。

昭和八年九月十六日生まれ、満六十六歳
あといつまで生きられるやら
友達！　お酒呑んでるか？　もっと呑んでや！
歌でも歌おうか？
パーッといこう！　パーッといこう！
わし、さびしいの、嫌いやねん
ひとりにせんといてや
おーい、酒や、日本の酒、持ってきてや
あー、眠とうなってきたわ
わし、ちょっと寝るでェ
お前、ほんまにアホやなあ
もうお前には明日という日がないのに

心残りといえば、もう少し、みなさん方とお酒を呑み
歌でも歌って、好きな女の子と一緒に……
ちょっと早いようですが
ひと足お先に、あの世とやらへ
まだ、だあれも見たことのない地獄や極楽とやらを見に行ってきます
最後になりましたが、残された家族、どうかよろしくお願いいたします
特に長男、武彦は、心が残ります
どちらさんも、よろしくお願いいたします
さようなら

さみしがり屋で、酒と女と歌とわが子をこよなく愛した、いかにも小西らしい遺言であった。

遺言ビデオの制作から十二年後、小西の死から三年余り後の二〇一一年（平成二三）二月。小西が最も気にかけていた長男が肺炎で死去した。四十歳の若さだった。

長男は小西の姪夫婦と生活し、一時は通所施設に通うなど新しい人生を歩み始めていた。もともと肝臓を患っていたが、肺炎を併発し、帰らぬ人となった。父親と同じ葬儀会場で、ほぼ同じ会葬者に見守られ、小西のもとに旅立った。

「俺が死んだら、ター（長男の愛称）がどうなるんやろ思たら寝られへん。だから呑むんや」

小西は知人に涙ながらにそう言いながら毎夜、泥酔していた。

小西本人が出演した遺言ビデオのワンシーン

飛鳥会事件で逮捕され、三ヵ月後に保釈されて帰宅したとき、三十代半ばの長男は「パパ、もうどこにも行かんといてや」と懇願したという。その父親のあとを追うように長男も逝った。

関係者の誰もが、あまりにも早い息子の死に、驚きを隠せなかった。飛鳥会事件の発生以降、取材を続けていた私もその一人である。

「えらいはよ来たなあー」

あの世で嬉しいような悲しいような顔をし

て、溺愛する息子に小西がそう話しかけているような気がしてならなかった。

真夏の暑い日の昼下がりだった。私は大阪市内のホテルのティーラウンジで、二十八歳になる小西の長女と対面していた。二〇一一年(平成二三)のことである。

彼女が私に面会を求めてきたのは、父親がそれまで報道されてきたような極悪人ではないということを伝えたい一心からだった。

彼女はかつて、一つ違いの妹と父親について語り合ったことがある。二人の意見は「あんなに優しい人もいないけど、あんな怖い人も見たことがない」という点で一致した。

レディーファーストを実践しているのか、家の中ではドアを開けてくれる心遣いはあるのだが、外に出ると一変することがあった。家族で外食しているとき、少しでも店員の対応が悪いと「何もそこまで……」と思うくらい烈火のごとく怒った。気性の激しさは半端ではなかった。

長女は小西邦彦が五十歳のときに生まれた。人生の後半を歩み始めていた小西には、よほどかわいかったのだろう、彼女を溺愛した。もともと大の子供好きである。

彼女もまた、父親が大好きだった。彼女は障害を持つ腹違いの兄とも仲が良かった。三十年近く生きてきた中で、家族全員がひとつ屋根の下で暮らした子供のころが一番楽しかったという。

そんな平穏な日々を、小西が突然、引き裂いてしまう。彼女が小学校高学年のころ、小西は二十歳を超えた長男を連れて家を出ていった。

「なんで出ていったのかと今も思ってます……」

二十年近く経っても、父親がとった行動の意味を探っている。

彼女は小学五年生の途中から学校に行けなくなった。いわゆる不登校である。以降、小・中学校、そして高校にも通っていない。家に閉じこもりがちな長女を不憫に思った小西は、毎年のように彼女を連れ、二人だけで旅行に出かけた。行き先は、北は青森から南は沖縄まで広範囲にわたった。マレーシアにまで足を伸ばしたこともあった。沖縄では「仕事があるから」という理由で、いったん大阪に帰ったが、用事を済ませると戻ってきた。親子二人の旅は、彼女が成人になるころまで続いた。

父親はいつも寡黙だった。旅先でも、とりたてて何かを話したという記憶はない。それでも彼女は、大好きな父親と一緒にいられるのが幸せだった。

小西は家族に自分のことを話さなかった。どんな生い立ちで何を職業にしているのか、長女は飛鳥会事件報道で詳しく知ったという。

「仕事関係の人が家に来ることもなかったし、昔の話をするのをすごく嫌がった。だから聞いたらいけないと思った。例えば若いころにどんなことをしてたのかを聞いても、一切答えてくれませんでした。まあ、ネットで調べて知ってましたけど。やっぱりな、と思いました。それに父親の周りの人はヤクザっぽいじゃないですか。運転手の人とか小指がなかったし……」

人並み以上の生活を送ってきたが、子供心に「これって、やましいお金じゃないのかな」と思っていた。父親は左手の小指がないことを「犬に食べられた」と説明していた。かわいらしい嘘で、ヤクザであった痕跡を隠そうとした。

だが、部落解放同盟飛鳥支部の支部長であることは隠さなかった。支部の事務所に彼女を連れて行ったこともあった。飛鳥支部長の肩書が入った名刺も見せている。ただし、自分の出自や部落差別について、きちんと娘に伝えていたわけではない。その意志はあったが、言葉にならなかったのだろう。

「部落解放運動をやってることと、父親が部落出身っていうのは、全然結びついていなかった。父親の生い立ちは事件のあとで、雑誌とかで見て知りました。ショックではなかった。腑に落ちた感じです。ああそうか、そうだったんだって。でもやっぱり本人の口から話してほしかったというのはあります。自分がどういうアイデンティティを持ったらいいのか、というのはあるかもしれないですね」

彼女は部落で生まれ育ったわけではない。しかし父親は部落出身で、長年にわたって運動団体の幹部を務めた。母親は部落とは、直接関係ない。では自分はいったい何者なんだろう？　そんなことを考えることがある。

飛鳥会事件は、奇しくも父親の経歴を知るいい機会だったという。

「報道はちょっと一方的過ぎるかな、とは思いました。善悪の基準で言ったら、悪なんでしょうけど、そればっかりじゃないのになあと。身内だからひいき目に見てしまうのはあるんでしょうけど。でも、事件があって楽になった部分もある。（生い立ちを）ずうっと隠してきたお父さんがそうだったんだって知って」

父親が部落出身であることを知り、ショックを受けるどころか楽になったという境地が、彼女のユニークなところである。言いたがらないところに何かがある。何を隠しているのだろう？　そんな疑問が、事件で氷解した。

不登校だった彼女は、大学入学資格検定に合格し、芸術系の専門学校に入学する。卒業後は就職せず、バーで働いた。夜の大半を北新地で過ごした小西だったが、娘が就職もせずに飲食店で人に使われていることが気に入らなかったようだ。

飛鳥会事件後、保釈された父親と食事に行ったことがあった。

「これからどうするんや？」

自分のことはさておき、小西は二十代半ばの長女に尋ねた。彼女は明確に答えられなかった。

「やっぱり父親は、夢とか希望とか持ってほしかったんですよ。そのときも聞かれたんです。『お前の夢はなんや？』って。私は『幸せになりたい』って言ったんです」

大人になった娘に、あらためて夢を問う父親。それに対し、幸せではないことを仄めかす答えは、どこかせつない。

長女の十五歳の誕生日に、小西が手紙を書いたことはすでに紹介した。飛鳥会ビルに銃弾が撃ち込まれた一九九七年（平成九）である。その手紙の中にも「これからは将来のユメというか、希望を持って一人の人間として人生を考えて下さい」と書かれていた。

小西はことあるごとに、夢と希望を持つことを長女に伝えていた。自分がそれらを持てない境遇に生まれたからこそ、娘に託すものがあったのかもしれない。

夢と希望を持って生きよ――。あらゆる欲望を追求し、また手に入れてきた小西は、意外なメッセージを長女に残していた。

長女と会った、同じ二〇一一年（平成二三）の夏。

小西が設立し、逮捕前まで理事長を務めた社会福祉法人ともしび福祉会の設立三十周年記念パーティーが、大阪市内のホテルで開かれた。

保育園、特別養護老人ホームなど四施設の職員は、現在三百人を超えている。一斉に休みが取れない職場の都合で、三回に分けておこなわれたパーティーは、若い職員によるダンスあり、ビンゴ・ゲームありで、笑い声が絶えない集いになった。

会場には飛鳥会事件の弁護団のメンバーや、事件で事情聴取された飛鳥会の面々、事件後も以前と変わらず小西と付き合った知人らも参加していた。

主催者・来賓の挨拶やビデオ上映による各施設の活動紹介では、創設者で前理事長の存在や功績については一切触れられなかった。グラスを片手に、賑やかな会場を回遊しながら、私は思った。

〈賑やかなのが好きな小西さんがいたら、どんなに喜んでいたやろ。パーティーが終わったら、北新地でドンチャン騒ぎするやろなあ……〉

「友達！　お酒呑んでるか？　もっと呑んでや！」

そう言いながら、ふいに小西があらわれそうな気がした。

小西亡きあとも、保育園や特別養護老人ホームなどの施設は残った。その意味では、子供と年寄りを思う男の遺志は、今も脈々と受け継がれている。

しかし、かつて荊冠旗の下、ともに部落解放運動に参加した飛鳥の住民は、小西が残したものはいったい何だったのかを考えることがあるという。

「小西さんは、よう言うてましたわ。地《じ》の人間を売りものにするな、て。運動をやってる人間を中心に考えって。小西さんが飛鳥の人間やったら、そういうことを言えへんかったかもしれん。

結局、飛鳥会も、ともしび福祉会も、地元には残せへんかった。飛鳥会は趣旨・目的で言うたら、地元の環境改善、福祉の改善を目的とするわけやから、地元の人間が理事をせなあかん。それも全部取られてしもうたからな。ともしび福祉会は、地元の人間をヘルパーとして優先的に採用してくれてるけど、飛鳥の人間が運営《まわ》してるわけちゃうからね。だからまあ、財団法人も社会福祉法人も取られて、丸裸です」

飛鳥会、ともしび福祉会とも、理事長や理事は、飛鳥とは直接は関係がない人物で占められている。飛鳥という地域ではなく、小西邦彦という人物との個人的かつビジネス上でのつながりや血縁で組織が成り立っていた。

部落解放同盟飛鳥支部と財団法人飛鳥会の事務所が入っていた飛鳥会ビルは、事件後、競売にかけられた。飛鳥地区とは直接関係がない小西の姪が競り落とし、現在は、ともしび福祉会法人本部に貸している。本来は地域の財産であるはずの組織や不動産が、地域外の人間の手に委ねられ、地元にはほとんど還元されていない——。地元の人間にはそう映っていた。

故郷を離れ、飛鳥を拠点に活動を続けた小西は、〝飛鳥のドン〟〝飛鳥の小西〟となった。しかし、飛鳥ゆかりの運動団体、財団法人、社会福祉法人のトップを一人の人物が長年務めた結果、その地域は〝小西の飛鳥〟になっていた。

地元住民らの闘いによって建設された旧飛鳥解放会館・人権文化センター、青少年会館などの施設や手厚い同和対策事業は、今はもうない。

「小西支部長がおったら、こんなことになってない」

飛鳥地区の高齢者からは、こんな声も上がったという。

小西がいたからこそ、この事態を招いたということが、一部の住民には理解できていない。小西はこういった住民に支えられていた。

二〇〇六年（平成一八）に起きた飛鳥会事件で、小西が部落解放同盟飛鳥支部の支部長を辞任したあと、トップの座は代行を含めると、二〇一二年（平成二四）までの六年間に四人も替わった。そのせわしい交代劇は、小西がいかに飛鳥で睨みをきかせていたか、また統率していたかを、はからずも浮き彫りにした。よくも悪くも、やはり小西は飛鳥の主であった。

飛鳥会事件の発生以降、大阪市の同和対策事業はゼロに等しくなった。市は市内十二地区にある人権文化センター、青少年会館、老人福祉センターの三施設に派遣していた職員と、学校や保育所の加配職員、計四百五十九人を引き上げた。

また、それらの三施設を統合し、イベントや講座、貸室事業などをおこなう市民交流センターを発足させた。施設名から、部落を暗示する「解放」や「人権」の文言はなくなった。大阪市内の同和地区・被差別部落は、三十年余の同対事業と飛鳥会事件を経て、〝普通の街〟に生まれ変わろうとしていた。

市内では東淀川区のみが、飛鳥、日之出、南方の三地区が近接しているという理由で、区内での施設の統合がおこなわれた。日之出地区のみに市民交流センターを残し、飛鳥と南方には、保育所以外は同対事業で建設された施設は皆無になった。

細々と貸室事業などを続けていた旧飛鳥解放会館・人権文化センターも、二〇一二年（平成二四）三月末で、三十七年の歴史に幕を降ろした。

閉鎖されて数日後。私はロープが張られ、立ち入り禁止となった施設の前に立っていた。かつて小西の怒声が館内に響きわたり、住民が集い、数多くのイベントで賑わった中核施設は、静寂につつまれていた。この建物もまた、飛鳥会ビル同様、競売にかけられるという。

長年にわたって飛鳥の家長であった小西邦彦の亡きあと、名もなき解放の砦は、もぬけの殻になっていた。

あとがき

部落解放運動や同和対策事業は何を残してきたのか？　小西邦彦という人物と、彼が率いる飛鳥地区を通してそれらを見てきた。

同対関連法が失効する二年前の二〇〇〇年（平成一二）に、大阪市が市内の部落の生活実態調査を実施した。この中で、「自分が同和地区出身者か否か」という問いに、飛鳥地区住民の過半数の五三・五％が「思わない」と答えている。ちなみに「そう思う」は三二・二％、「わからない」は一四・〇％、「不明」が〇・四％である。

三十年余りにわたって莫大な予算（おそらく飛鳥地区だけでも数百億円）をかけても、半数以上が、自分は同和地区・部落出身者ではない、と考えていた──。

二〇〇二年（平成一四）の同対関連法の失効で、部落内にある市営住宅の入居条件は、部落民である必要はなくなった。その結果、部落外からの移住者が増え、半数以上が部落外の人で占められる地域も出てきた。自分は同和地区・部落出身者ではない、と考える人は、今後ますます増えるだろう。

一九二二年（大正一一）に結成された全国水平社は、創立宣言で「吾々がエタである事を誇り得る時が来たのだ」と謳いあげた。その精神を受け継いだ部落解放同盟は、部落民として解放されるべく、出自を名乗り、行政闘争を展開し、街を変えてきた。

しかし長い同対事業を経ても、住民たちの多くは、同和地区住民・部落民であることを否認、または忌避していた。もともと来住者が約七割であった飛鳥地区の事情を勘案しても、私には意外な数字であった。どれだけ部落解放運動によって街や住民の生活が変わろうが、運動が目指していた目標——部落民として解放される——が達成されることはなかった。

同対関連法の失効から一年後の二〇〇三年（平成一五）。部落解放同盟飛鳥支部は、支部長・小西邦彦の名で「同和行政の一層の推進と人権行政の確立を求める要求書」を大阪市に提出し、まちづくり・住宅、生活・福祉・保健、労働・産業、教育、女性・青年の各分野で、四十五項目にわたる要求を突き付けた。

例えば、まちづくり・住宅の分野では、「不適正入居、家賃滞納問題などの抜本的対策を明らかにされたい」と述べ、女性・青年の分野では「地域における女性・青年の人権リーダーの育成にむけての方針を明らかにされたい」と求めている。

他の項目にも言えるが、要求する内容のほとんどは、飛鳥支部が取り組み、解決すべき課題である。部落内で生起する問題を、行政の責任として追及する手法は、戦後の部落解放運動でとられてきた。長らく飛鳥支部のトップであった小西は、行政からの自立をと言いつつ、支部単位では同じ手法をとりつづけていた。

四十五項目にわたる地域の課題は、部落差別の影がいまだに残っていることを意味していると言えなくもない。どれだけ予算、労力、時間をかけても、問題は残った。では住民たちは、問題解決のために何をしてきたのかという疑問は残る。変わろうとしない限り、変わらない。これは何も飛鳥地区に限ったことではない。

最盛期には十八万人いた部落解放同盟員は、現在その三分の一の六万人にまで激減した。飛鳥に限らず、どの支部でも若手の加入が少なく、そのため同盟員の平均年齢は年々高齢化している。飛鳥会事件後、大阪市内の部落解放同盟支部の一つは、それらの理由で解散に追いやられた。同対法施行以後、支部が結成されることはあっても、解散するのは市内では初めてである。飛鳥支部の元幹部は、部落差別の現状と運動団体の存在意義について、次のように語る。

「部落差別はほとんどなくなってるから、解放同盟はもう要らんと思う。別に解放同盟がなかっても生活できるやん。結婚差別はまだあるで。でも、それも一部やろ。解放同盟はすでに役割を果たし終えた。まだ行政に対して何でも言うていったらええという体質が残ってる。文句を言うことは得意やけど、自らの手足、頭、金を使《つこ》て市民活動をやるには、まだ成熟してないねん」

こう語る元幹部が、なぜ支部を変えることができなかったのか、疑問ではある。しかし、行政依存体質については、他の支部員からも同様の意見を聞いた。

運動団体の存在意義を問う数字がある。一九九三年（平成五）に総務庁が全国の部落を対象に実施した調査では、人権侵害・差別を受けたときに誰に相談するか、という問いに「運動団体など」と答えた者は四・五％しかいない。ちなみに一番多いのは「黙って我慢」（四六・六％）で、以下「身近な人に相談」（二二・四％）、「相手に抗議」（二〇・二％）と続く。

運動団体に相談するのは、二十人に一人未満である。この数字は、運動団体がさほどあてにされていないことを物語っている。一九九三年（平成五）の調査でこの数字であるから、現在はもっと少なくなっているだろう。部落解放同盟の存在感は、確実に薄れつつある。

差別がある限り、部落解放運動は必要である。しかし、被害者意識ばかりを言いつのる運動団体は、もはや百害あって一利なしではないか。飛鳥会事件を取材・執筆し終えた今、私はそう考えている。

私が飛鳥会事件を取材するようになったきっかけは、二〇〇六年（平成一八）十月に開かれた、小西の初公判の傍聴記を全国紙に書いたことだった。小西と同じ立場の部落出身者である私は、基本的に出身者が起こした不祥事は取材・執筆したくなかった。いってみれば〝身内の恥〟である。できれば目をそむけたかった。

しかも事件発生後、警察の事情聴取を受けた三菱東京ＵＦＪ銀行の行員の一人が、自殺している。本書に登場する岡野よりずっと後の担当者で、警察は片っ端から聴取していただけだったが、悲劇は起きた。これも事件を正視したくない要因だった。

しかし、事件の全体像が気になり、公判に通って小西側の証人の話を聞くに及んで、それまでのマスコミ報道に疑念を抱いた。本文でも書いたように、小西は大阪市や三和銀行、部落解放同盟を一方的に利用しただけではなく、相互依存の関係にあった。

それらの事実を『週刊現代』（講談社）の二〇〇七年（平成一九）二月十日号から、四回にわたって書いた（拙著『とことん！　部落問題』所収、講談社、二〇〇九年）。

二審も取材するつもりではいたが、それほど乗り気だったわけではない。いくら被告側に言い分があったとしても、あくまでも不祥事である。他のテーマを取材しているうちに、小西は亡くなった。もっと話を聞いておけば、と思わないでもないが、部落解放運動の瑕疵《かし》を掘り下げる気がしなかった、というのが正直な気持ちだった。

ノンフィクション雑誌『G2』（講談社）編集部の依頼で、再び飛鳥会事件を取材し始めたのは、小西の死から四年が経った二〇一一年（平成二三）からである。同年九月発売の同誌に、ヤクザとの関係を中心にまとめ、『小西邦彦「ピストルと荊冠」』を書いた。本書はそれら二誌の記事に加筆したものである。

本書の取材・執筆中、部落解放運動関係者からは「なんで、いまごろ飛鳥会事件なの?」「そういうの、好きやなあ」などと言われた。なぜ、しつこく取材したのか? 事件は、いまだにきちんと総括されていないからである。また、よく誤解されるのだが、私は好きで書いているわけではない。不祥事をテーマにした記事・書籍は、ない方がいい。これは私にとって、ほろ苦い部落解放運動と同和行政の総括の書である。

取材・執筆し終えてあらためて思うのは、小西邦彦という人物の強烈な個性と、奇妙な人懐っこさである。

忘れられないシーンがある。二〇〇六年(平成一八)十二月に最初のインタビューをおこなったときのことである。三時間の取材を終え、私は飛鳥会の事務所を出て、同じ階にあるトイレに入った。小用を足していると、そこに小西も入ってきた。私が先に用を足し終え、立ち去ろうとしたそのとき、小西は私の背中をぽんぽんと軽くたいた。それがどういう意味であったのかは、いまは確かめようがない。しかし私には「お前さんの書きたいように書いたらええがな」と言っているように思えた。そんなやわらかな背中のたたき方だった。

「ええように書いてくれ、言うてるんと違うねん。ありのままを書いてくれたらええねん」

二回目の取材のあと、小西にそう言われた。「ありのまま書いたら、かなり悪い人になりまっせ」という言葉が喉元まで出かかったが、呑みこんだ。

私は小西の批判を含めて、雑誌でも本書でも思うままに書いた。私が常に意識したのは、もし自分がそこにいたら、どうしただろうか、ということだった。市職員の立場で小西と接したとき、「それは無理です」と言えたのか？　銀行員であったら？支部員であったら？　そのような視点がない、「こんな悪い人がいますよ」といったような勧善懲悪型の記事や本にはしたくなかった。

人間は単純に「善人」と「悪人」に二分されるわけではない。私も含めて、両方を持ち合わせている。ただ、小西の場合、双方の「量」と「質」が尋常ではなかった。犯罪者は、字義通り罪を犯したという点では「悪人」ではあるが、それだけを強調するのは一面を描いたに過ぎない。無論、「善人」の面があるからといって、罪が減じるわけではない。要は人物や事件に可能な限り多角的に迫ることが肝要であろう。

「ほんまは地元に銅像が建ってるかもしれへん男や。それもあの事件で全部チャラになってしもたけどな」

長年、小西と部落解放運動をともにしたある人物は、彼をそう評した。

私は活字で小西邦彦の銅像を建てたつもりである。この像は、見る角度によって人を恐れさせ、考えさえ、また奇妙なことに、なごませもする。

小西邦彦は死んだ。だが、その存在を私たちの記憶から消去してはならない。人間の欲深さと奥深さを再認識するためにも、この面妖な銅像を凝視する必要があるのではないか。

最後に、難解なテーマと偏屈なライターである私に付き合ってくれた雑誌と単行本の編集者に深謝したい。また、取材に応じていただいた部落解放同盟大阪府連合会の現役・元幹部および飛鳥支部員、元大阪市職員、そして小西元支部長の関係者にお礼申し上げます。

二〇一二年九月

著者

主要参考文献・資料

『わが町　飛鳥』（加藤秀夫監督、晴英プロ製作、一九七五年）
『新版「週刊ポスト」は大相撲八百長をこう報じてきた』（「週刊ポスト」編集部・編、小学館、二〇一一年）
『ヤクザと日本人』（猪野健治、現代書館、一九九三年）
『殺しの軍団　柳川組』（木村勝美、メディアックス、二〇〇八年）
『越境する民　近代大阪の朝鮮人史研究』（杉原達、新幹社、一九九八年）
『飛鳥の歴史』（飛鳥の歴史をつくる会、一九九三年）
『わが町　飛鳥』（部落解放同盟大阪府連合会飛鳥支部、一九九八年）
『わが町　飛鳥（別冊）』（飛鳥支部再建30周年記念事業実行委員会）
『30年の歩み』（大阪市同和事業促進協議会、一九八三年）
『40年の歩み』（大阪市同和事業促進協議会、一九九三年）
『人間のたたかいの砦から』（上田卓三・小田実他、教育・政治研究所出版部、一九七五年）
『大阪における部落企業の歴史と現状』（部落解放大阪府企業連合会、一九七八年）
『税務署をマルサせよ』（比良次郎、GU企画出版部、一九九一年）
『同和地区企業実態調査報告書』（大阪同和産業振興会、一九九八年）

『同和と銀行　三菱東京UFJ〝汚れ役〟の黒い回顧録』（森功、講談社、二〇〇九年）
『大阪の同和問題』（大阪民主新報編集部、汐文社、一九七五年）
『旧西中島駐車場に関する調査報告書』（大阪市財政局、二〇〇六年）
『山口組組長専属料理人』（木村勝美、メディアックス、二〇一二年）
『鎮魂　さらば、愛しの山口組』（盛力健児、宝島社、二〇一三年）
『大阪同和帝国の正体』（一ノ宮美成＋グループ・K21、宝島社、二〇〇七年）
『新修　部落問題事典』（秋定嘉和・桂正孝・村越末男監修、解放出版社、一九九九年）
『部落問題事典』（部落解放研究所編、解放出版社、一九八六年）
『とことん！　部落問題』（角岡伸彦、講談社、二〇〇九年）
『G2』vol.8『小西邦彦「ピストルと荊冠」』（角岡伸彦、講談社、二〇一一年）
この他、『そくしん』（大阪市同和事業促進協議会）、『解放新聞　大阪版』（解放新聞社）、『解放ニュース　縮刷版』（大阪市同和事業促進飛鳥地区協議会）、『しんぶん　赤旗』、大阪本社発行の朝日、産経、毎日、読売の各紙と京都新聞を参照した。

文庫版あとがき

飛鳥の部落解放運動の象徴であった飛鳥人権文化センター（旧飛鳥解放会館）は、いまはもうない。センターの敷地は大阪市が所有していたが、地元の業者が買い取り、九階建ての瀟洒なマンションを建てた。レンガ色のどっしりとした人権文化センターを見慣れていた私の目には、絢爛豪華なマンションのエントランスが、異様にまばゆく映った。マンションの裏手には、まだ広大な更地が広がっている。数年後には一帯の風景は、さらに変わっていることだろう。

放課後に地元の子供らが通った飛鳥青少年会館は、特別支援学校（養護学校）として利用されている。必然的に子供たちの学びの場は失われた。同対事業で一九七〇年代初頭に建てられた市立あすか保育所は、広い運動場やプールが完備され、他地区よりも充実していることから同和保育のモデル校として注目された。ところが事業が終了すると、その維持管理費が足かせになり、民営化されることが決まっている。

これらの同対事業関連施設を次々と失くしていったのが、飛鳥から数十メートルしか離れていない府営住宅に住んでいた、橋下徹前大阪市長である。周辺に住み、飛鳥の街も人もよく知っていたはずの前市長は、市長在任中に大阪市内の被差別部落・同和地区を「普通の地域」に変えるべく、大なたをふるった。

ちなみに橋下は、二〇一二年（平成二四）の週刊誌報道で、父親が部落出身であることを報じられ、初めて自分のルーツが部落と関係することを知ったとされる。彼が進めた同対事業関連施設の解体は、被差別部落・同和地区の痕跡をなくしたかったからではないか──そう私には思えた。

「今は地域には何もなくなった。同対事業が始まる前みたいや。支部員の集まりは、かろうじて市営住宅の集会所でやってる。まあ、支部員も減ってきてるんやけどね……」

部落解放同盟飛鳥支部の幹部がそう語る。最盛期には飛鳥地区には千世帯、三千人が住んでいたが、現在は約三百世帯、人口は千人を切っているという。飛鳥の名を一躍有名にした飛鳥会事件だが、いまや不祥事の代名詞のように語られている。

本書でも記したように、二〇一五年（平成二七）は、政府の諮問機関である同和対策審議会が、答申を出して五十年にあたる節目の年だった。答申は部落問題の早急な解決が「国の責務であり、同時に国民的課題である」と述べ、以後本格的に始まる同対事業を国策として位置づけた。答申から五十年を記念し、各地でシンポジウムが開かれた。

あるシンポジウムで部落解放同盟大阪府連の元幹部は、同対事業の功罪について語った。差別の解消や住民の生活が向上した「功」を述べた上で、「罪」として飛鳥会事件を挙げた。シンポジウムに参加していた飛鳥支部の幹部は、元幹部の総括に憤りを隠さない。

「そう言うてる元幹部の支部も、同対事業がらみでいろいろ問題があって、自殺者も出てる。飛鳥会事件を出すことで、地元の問題を免罪してるようにしか思えん。飛鳥会事件を出すなら、自分のムラで起きた問題のことも言えよと思う。大阪府連は、小西支部長に市内ブロックの副議長や府連の行動隊副隊長という地位を与えてきたわけやんか。大阪の解放運動が、彼を必要としてきた。そういった経緯をきちっと見ていかんとあかんと思う」

別の府連元幹部は、飛鳥会事件のあと、小西が暴力団と付き合いを続けていたことを知らなかったとほうぼうで語っている。本書でも触れたが、山口組四代目組長が射殺されたのが小西名義のマンションであったことや、飛鳥支部が入った飛鳥会ビルが銃撃されたことは報道されている。小西とヤクザの関係を知らなかったはずがない。

百歩譲って仮に知らなかったとしても、それはそれで問題であろう。いずれにしても利用するだけ利用して、都合の悪い事実は知らなかったと頬かぶりするのは、いかがなものか。

二〇〇二年（平成一四）の同対事業の終了後、部落は変わり続けている。飛鳥の地区内には豪華マンションが建ち、富裕層が入居する一方で、老朽化した市営住宅には低所得者層やニューカマーの外国人、高齢者が流入している。老朽化する市営住宅の過半数は風呂なしだという。飛鳥の中でも格差社会が広がりつつあると言える。

住民が入れ替わり、飛鳥の町並みが徐々に変貌し、部落と部落外の境界があいまいになるのに反して、インターネットでは、どこが部落・同和地区か、誰が部落民かをさらすサイトが出てきた。融合するかに見えた部落と部落外が、情報化社会によってその境界が明確化されつつある。

差別と反差別と不祥事の歴史が刻印された飛鳥がどう変わるのか。小西邦彦亡きあと、地域の模索は続いている。

二〇一六年十二月

著者

本書は、二〇一二年十月に小社より刊行された『ピストルと荊冠
〈被差別〉と〈暴力〉で大阪を背負った男・小西邦彦』を文庫化
にあたり、加筆・修正したものです。

角岡伸彦－1963年、兵庫県生まれ。関西学院大学社会学部卒。神戸新聞記者などを経てフリーに。著書に『被差別部落の青春』（講談社文庫）、『ホルモン奉行』（新潮文庫）、『はじめての部落問題』（文春新書）、『とことん！部落問題』（講談社）、『ふしぎな部落問題』（ちくま新書）、『ゆめいらんかね やしきたかじん伝』（小学館文庫）、共著に『百田尚樹『殉愛』の真実』（宝島社）などがある。『カニは横に歩く 自立障害者たちの半世紀』（講談社）で第33回講談社ノンフィクション賞受賞。

講談社＋α文庫 ピストルと荊冠《けいかん》
――〈被差別〉と〈暴力〉で大阪を背負った男・小西邦彦

角岡伸彦《かどおかのぶひこ》

2017年1月19日第1刷発行

発行者――鈴木 哲
発行所――株式会社 講談社
東京都文京区音羽2-12-21 〒112-8001
電話 編集(03)5395-3522
販売(03)5395-4415
業務(03)5395-3615

デザイン――鈴木成一デザイン室
カバー印刷――凸版印刷株式会社
印刷――株式会社精興社
製本――株式会社国宝社

落丁本・乱丁本は購入書店名を明記のうえ、小社業務あてにお送りください。
送料は小社負担にてお取り替えします。
なお、この本の内容についてのお問い合わせは
第一事業局企画部「＋α文庫」あてにお願いいいたします。
Printed in Japan ISBN978-4-06-281710-3
定価はカバーに表示してあります。